# 山东省革命文物图文大系

山东博物馆 编著

科学出版社
北京

**图书在版编目(CIP)数据**

山东省革命文物图文大系：全十卷 / 山东博物馆编著. -- 北京：科学出版社，2024. 12. -- ISBN 978-7-03-080020-6

Ⅰ. K871.62

中国国家版本馆CIP数据核字第2024SC9750号

责任编辑：张亚娜　樊　鑫／责任校对：张亚丹
责任印制：张　伟／书籍设计：北京美光设计制版有限公司

科学出版社 出版
北京东黄城根北街16号
邮政编码：100717
http://www.sciencep.com
北京华联印刷有限公司印刷
科学出版社发行　各地新华书店经销
*
2024年12月第　一　版　开本：889 × 1194　1/16
2024年12月第一次印刷　印张：123　3/4
字数：2 600 000

**定价：3680.00元（全十卷）**

（如有印装质量问题，我社负责调换）

## 编辑委员会



## 图书编辑团队

## 分卷主编

| | | | | | |
|---|---|---|---|---|---|
| 第一卷 | 孙艳丽 | | 第二卷 | 孙艳丽 | 贾依雪 |
| 第三卷 | 李　娉 | 贾依雪 | 第四卷 | 杨秋雨 | |
| 第五卷 | 杨秋雨 | 仪明源 | 第六卷 | 仪明源 | 于秋洁 |
| 第七卷 | 刘　宁 | 张小松 | 第八卷 | 刘　宁 | 怀培安 |
| 第九卷 | 怀培安 | 李　娉 | 第十卷 | 张小松 | |

## 撰写团队（按姓氏笔画排序）

| | | | | | | | | |
|---|---|---|---|---|---|---|---|---|
| 卜　鑫 | 于佳鑫 | 于法霖 | 于秋洁 | 于颖欣 | 万本善 | 马　军 | 马　静 | 马天成 |
| 马克凡 | 王　美 | 王　浩 | 王　晶 | 王　鹏 | 王　睿 | 王小羽 | 王之信 | 王之谦 |
| 王丹青 | 王文红 | 王文博 | 王平云 | 王亚敏 | 王丽媛 | 王凯强 | 王思涵 | 王晓妮 |
| 王婀娜 | 王培栋 | 车　悦 | 毛洪东 | 孔凡胜 | 卢绪乐 | 仪明源 | 冯明科 | 宁志刚 |
| 毕晓乐 | 曲　菲 | 吕　健 | 吕其林 | 任　伟 | 任维娜 | 庄　倩 | 刘　宁 | 刘　畅 |
| 刘　凯 | 刘　婧 | 刘长艳 | 刘军华 | 刘丽丽 | 刘树松 | 刘剑钊 | 刘逸忱 | 江海滨 |
| 许　哲 | 许文迪 | 许盟刚 | 孙　佳 | 孙　颖 | 孙全利 | 孙利堂 | 孙纬陶 | 孙艳丽 |
| 苏　琪 | 苏力为 | 杜晨英 | 李　波 | 李　娉 | 李　媛 | 李　婷 | 李兴栋 | 李克松 |
| 李国盛 | 李寅初 | 李博文 | 李晶晶 | 李景法 | 李献礼 | 杨　坤 | 杨　昊 | 杨　燕 |
| 杨立民 | 杨亚昱 | 杨秋雨 | 杨靖楠 | 吴　昊 | 谷　淼 | 怀培安 | 宋　松 | 宋卓远 |
| 张　丹 | 张　卡 | 张　军 | 张　媛 | 张　璐 | 张小松 | 张世林 | 张有才 | 张秀民 |
| 张美玲 | 张晓文 | 张海燕 | 张淑敏 | 陈　晓 | 陈　鹏 | 陈孟继 | 林立东 | 昌筱敏 |
| 罗　琦 | 罗永华 | 周　宁 | 周光涛 | 周兴文 | 郑学富 | 郑德平 | 官春磊 | 项　项 |
| 赵　金 | 赵文彬 | 赵均茹 | 赵皎琪 | 赵蓓蓓 | 郝明安 | 胡可佳 | 姜羽轩 | 姜晴雯 |
| 姚　超 | 姚焕军 | 袁晓梅 | 聂惠哲 | 贾庆霞 | 贾依雪 | 贾婧恩 | 夏　敏 | 徐　艳 |
| 徐　静 | 徐　磊 | 徐晓方 | 徐赛凤 | 高丽娟 | 唐铭涓 | 黄巧梅 | 黄祖文 | 崔　强 |
| 崔萌萌 | 康甲胜 | 阎　虹 | 梁连江 | 梁新雅 | 董　艺 | 董倩倩 | 韩晓燕 | 焦玉星 |
| 赖大邃 | 雷　茜 | 蔡亚红 | 蔡运华 | 蔡言顺 | 薛喜来 | 穆允军 | 穆红梅 | |

## 学术顾问

邱从强　张艳芳　郑宁波　徐　畅　崔华杰

## 审校

李　娉　孙艳丽　怀培安　贾依雪

## 文物摄影

阮　浩　周　坤　赵蓓蓓　蔡启华

## 参加单位

### ★ 省直单位

山东博物馆

中共山东省委党校（山东行政学院）图书和文化馆

山东省档案馆

山东省图书馆

孔子博物馆

山东大学图书馆

### ★ 济南市

济南市博物馆

济南市章丘区博物馆

济南市济阳区博物馆

济南革命烈士陵园（济南战役纪念馆）

济南市莱芜区博物馆

中共山东早期历史纪念馆

### ★ 青岛市

青岛市博物馆

青岛海关博物馆

青岛道路交通博物馆

青岛市黄岛区博物馆

青岛市即墨区博物馆

青岛市即墨区烈士陵园

青岛市档案馆

青岛市革命烈士纪念馆

中共青岛党史纪念馆

中国人民解放军海军博物馆

莱西市博物馆

黄岛烈士陵园纪念馆

平度市博物馆

平度市烈士陵园

胶州烈士纪念馆

### ★ 淄博市

淄博市博物馆

淄博市焦裕禄纪念馆

淄博煤矿博物馆

黑铁山抗日武装起义纪念馆

淄博市公安局

桓台博物馆

高青县革命历史纪念馆

沂源博物馆

沂源县革命烈士陵园（革命历史纪念馆）

### ★ 枣庄市

枣庄市博物馆

铁道游击队纪念馆

台儿庄区贺敬之文学馆

台儿庄革命烈士陵园（战史陈列馆）

### ★ 东营市

东营市历史博物馆

中共刘集支部旧址纪念馆

东营市垦利区博物馆（含渤海垦区革命纪念馆）

★ **烟台市**

烟台市博物馆

烟台市牟平区博物馆

烟台北极星钟表文化博物馆

烟台市蓬莱区烈士陵园管理处

莱州市博物馆

地雷战纪念馆

龙口市博物馆

栖霞市牟氏庄园管理服务中心

招远市博物馆

★ **潍坊市**

潍坊市博物馆

潍坊市革命烈士陵园管理处

潍坊市寒亭区博物馆

青州市博物馆

昌邑市博物馆

寿光市博物馆

安丘市博物馆

潍县西方侨民集中营旧址博物馆

★ **济宁市**

邹城博物馆

金乡县文物保护中心

嘉祥县烈士陵园烈士纪念馆

梁山县烈士陵园管理服务中心

★ **泰安市**

泰安市博物馆

泰安徂徕山抗日武装起义博物馆

中共东平县工委纪念馆

东平县博物馆

肥城市档案馆

新泰市档案馆

新泰市博物馆

★ **威海市**

中国甲午战争博物院

天福山起义纪念馆

威海市博物馆

乳山市文物保护中心

★ **日照市**

日照市岚山区博物馆

日照市抗日战争纪念馆

莒州博物馆

五莲县博物馆

### ★ 临沂市

临沂市博物馆
山东省政府和八路军115师司令部旧址
大青山胜利突围纪念馆
华东野战军总部旧址暨新四军军部旧址纪念馆
沂水县博物馆
沂水县云头峪村《大众日报》创刊地纪念馆
沂水县中共中央山东分局旧址
沂蒙红嫂纪念馆
沂蒙革命纪念馆
莒南县博物馆
孟良崮战役纪念馆
平邑县博物馆
鲁南革命烈士陵园

### ★ 德州市

德州市博物馆
冀鲁边区革命纪念馆

### ★ 聊城市

孔繁森同志纪念馆
聊城中国运河文化博物馆
聊城市茌平区博物馆
聊城市茌平区档案馆
东阿县文物事业发展中心
东阿县文物管理所
运东地委革命纪念馆
临清市档案馆

### ★ 滨州市

滨州市博物馆
邹平市文物保护中心（邹平市博物馆）
滨州市滨城区文物保护修复中心（滨州市滨城区博物馆）
渤海革命老区纪念园
博兴县博物馆
阳信县博物馆

### ★ 菏泽市

菏泽市博物馆
菏泽市烈士陵园（菏泽市抗日纪念馆）
菏泽市定陶区博物馆
菏泽市定陶区档案馆
菏泽市定陶区烈士陵园
东明县博物馆（东明县文物保护中心）
巨野县博物馆
郓城县博物馆
中国鲁锦博物馆
冀鲁豫边区革命纪念馆
单县档案馆
曹县档案馆
成武县烈士陵园
成武县档案馆
鄄城县档案馆

山东省
革命文物
图文大系

第三卷

李　娉
贾依雪　主编

# 丹心赴继

土地革命战争时期

科学出版社
北京

第一次国共合作开始后，废除一切不平等条约、大规模的反帝废约爱国运动迅速在全国展开。山东的国共第一次合作与南方诸省不同，山东一直处于帝国主义和北洋军阀的统治之下，国共两党存在共同反对的主要敌人。以国共合作为核心的反帝反封建的统一战线形成，不仅以工农为主体，也包括小资产阶级和民族资产阶级各种力量的共同合作，在政治、经济及社会各个方面打击帝国主义和封建地主阶级。山东工人运动犹如滚滚洪流，山东成为中国共产党领导革命运动最为活跃的地区之一。

20世纪30年代，资本主义世界的经济危机、军阀混战和自然灾害加重了山东人民的灾难。中国共产党坚持土地革命，农民暴动英勇悲壮，工人运动此起彼伏。土地革命的十年也是中国共产党在极端困难条件下坚持斗争并达到政治上成熟的重要时期。在残酷的白色恐怖下，优秀的共产党人和革命群众不屈不挠，在无歌的岁月中谱写了一部悲壮的信念交响曲。

# 目录

## 第一章

## 秋水长天 碧血殷山

## 第二章

# 工农武装 英勇悲壮

## 第三章

# 左翼文化 峻墨雄文

第一章

# 秋水长天 碧血殷山

1927年，正当北伐军节节胜利之际，国民党反动派背叛了孙中山联俄、联共、扶助农工的三大政策，蒋介石发动上海四一二反革命政变，屠杀共产党人和革命群众，国共合作彻底破裂。白色恐怖笼罩之下，大批共产党员惨遭杀害，中共山东省委机关遭到十余次严重破坏，一度与党中央失去联系。百折不挠的山东共产党人和革命群众在无歌的岁月中谱写了一部悲壮的信念交响曲。

国民大革命失败后，山东省委机关遭到十余次严重破坏，自1928年12月至1933年冬，担任省委书记和主持省委工作的17名领导人中，有9人被捕、5人牺牲。大批共产党员和革命志士惨遭杀害，党员数量从1927年的近1500人减少到1930年的200余人。1931年4月5日，邓恩铭、刘谦初、吴芩生等22名山东党组织的重要干部被国民党杀害，史称“四五”烈士。

“四五”烈士纪念碑（现位于山东省济南市槐荫区青年公园街道槐荫广场内）

宁死不屈
浩气长存
1931·4·5

## 邓恩铭

1901—1931

贵州荔波人，水族，“四五”烈士之一。1920 年 11 月，与王尽美等发起成立励新学会。1921 年春，与王尽美等发起创建济南共产党早期组织；7 月，出席党的一大。1922 年 1 月参加远东各国共产党及民族革命团体第一次代表大会。1923 年 4 月赴青岛开展党的工作。1925 年，领导了胶济铁路工人大罢工；8 月，任中共山东地方执行委员会书记。1927 年 4 月，出席党的五大；8 月，任中共山东省委书记。1928 年春，任中共青岛市委书记。1931 年 4 月 5 日，在济南英勇就义。

## 邓恩铭使用过的墨盒和砚台

1925年
淄博市博物馆藏

石质墨盒和砚台。墨盒内嵌金属泛绿锈，盒盖表面浅刻古油灯、笔海图案。1924年至1926年邓恩铭在寿光县做地下工作时使用。为了筹集活动经费，邓恩铭借来了墨盒、砚台，并写春联、写字画让地下交通员张先发去集市售卖。

1933 年 8 月 18 日，中共青岛市委书记李伟仁、共青团山东特委代书记孙善帅等 9 人被国民党反动派杀害，因枪杀地点在泺口黄河边上，史称泺口九烈士。

泺口九烈士纪念碑（位于山东省济南市北百里黄河风景区内）

## 刘谦初

1897—1931

原名刘德元，字乾初，化名黄伯襄，山东平度人。中共山东早期领导人，毛岸英之妻刘思齐的生父，“四五”烈士。

青少年时代的刘谦初先后在家乡私塾、平度知务中学、平度师范学校读书明志。刘谦初一生两度投笔从戎、矢志报国。1916 年 2 月，孙中山派前国会众议员居正到青岛组织讨袁军，发动有志青年报名参加，时在平度中学读书的刘谦初报名参加了中华革命军东北军，被编在中华革命军东北军第三支队炮兵团，任团部司书、队部书记，随军参加了攻克潍县和高密城的战斗，并获全胜。6 月袁世凯暴病而死，山东讨袁战役结束。部队在高密城举行庆祝授奖大会，刘谦初和他的同学都是作战有功者，每人都获得了“山东第三支队义勇奖牌”。

1918 年，刘谦初考入齐鲁大学预科。1922 年刘谦初在黄县崇实中学任教时参加基督教上海圣教书报公会组织的征文比赛，因文笔优秀而有机会保送至北京燕京大学文理科深造。1923 年冬，刘谦初经人介绍认识了共产党员方伯务和范鸿械，秘密加入了中国社会主义青年团，并在方伯务的直接指导下秘密从事革命活动。求学期间，刘谦初主持燕大文学会，主编《燕大周刊》，多次参加了华北高校演讲和辩论会。他突破基督教会校方的禁锢，从事了一系列重大的社会活动与革命实践。在燕京大学这个充满新文化、新思想的阵地，刘谦初如饥似渴地探求着科学与真理，其间与李大钊领导的学生组织建立了秘密联系，接受中共地下党组织的领导。1925年五卅惨案震惊全国，刘谦初组建“燕京大学沪案后援会”和讲演团，呼吁“凡有血气者当奋起救国”，向北洋军阀执政府公开请愿交涉质询，积极声援上海的学生与工人运动。同年刘谦初在燕京大学毕业。

1925年毕业后，刘谦初曾先后在江苏镇江润州中学、广州岭南大学附中任教。1926年7月，国民革命军誓师北伐。刘谦初再次投笔从戎，参加国民革命军，任十一军政治部宣传科社会股股长，在社会调查、军队宣传、发动群众支援军队等方面做了大量工作，为北伐前线冲锋陷阵。同时兼任政治部刊物《血路》副主编，执笔作戈、撰文发声。在《血路》创刊号中，刘谦初执笔《“二七”四周年纪念告革命的民众》，犀利指出“铁路工人受帝国主义、军阀、官僚、各铁路的高等管理员、外国工程师数重压迫与剥削是最厉害的。惟其受得最厉害，而他的反抗力也愈强。……我们要更加彻底地反抗帝国主义和军阀的压迫，以完成国民革命，使中国民众早登自由平等之域”。刘谦初在北伐战争中，不仅认识到工人在反帝反封建革命中的先进性和伟大力量，更通过参加中央农民讲习所开学典礼，学习并深刻了解了毛泽东同志报告中关于农民运动在中国革命中的地位与作用问题，在革命实践中积极支援了京山县农民运动。在革命统一战线的旗帜下，各阶层的革命力量不断凝集，高歌猛进的北伐战争将北洋军阀反动政权迅速击溃。1927年1月，历经革命考验的刘谦初在武汉光荣地加入了中国共产党。经历了燕大求学、广州执教、武汉从戎，刘谦初由学生而教师而北伐战士，在革命浪潮中自觉地接受洗礼，已成为坚强的共产党人。

大革命失败后，在白色恐怖笼罩全国的艰险时局下，刘谦初接受党中央的调派，先后在上海、江苏、福建恢复指导党的工作。1928年刘谦初当选为中共福建省委书记，持续深入地发动工农群众运动。1929年临危受命调任山东省委书记兼宣传部部长，与妻子同在山东并肩作战。在险恶的政治环境下，刘谦初迅速恢复山东党组织，先后领导博山、潍县、青岛等地工人大罢工。白色重压之下，党内叛徒层出。1929年底刘谦初、张文秋夫妻二人不幸先后被捕入狱。在国民党济南警备司令部监狱里，面对威逼利诱和种种酷刑，刘谦初的意志丝毫没有动摇，反而仍以高度的革命乐观主义精神和布尔什维克战士的果敢置生死于度外。他把监狱当成了对敌斗争的另一个特殊战场，靠着惊人的毅力顽强坚持着狱中斗争。1930年1月，经党组织营救，张文秋出狱。而刘谦初与先后担任山东省委书记的邓恩铭、临时省委书记吴芩生、省委秘书长雷晋笙等22人却在1931年4月5日被杀害于济南纬八路刑场，史称“四五”烈士。

## 刘谦初参加中华革命军东北军时获得的山东第三支队义勇奖牌

1916年
山东博物馆藏

刘谦初早年参加中华革命军东北军时获得的山东第三支队义勇奖牌，银质，背面中间长方框内铸“福和仁记”四字，当是制作奖牌的店号。1916年2月，讨袁“护国运动”兴起，刘谦初在青岛参加中华革命军东北军，任第三支队炮兵团团部司书。1916年5月，他随团先后参加了攻克潍县、高密战斗。讨袁战役胜利后，刘谦初因作战有功被授予山东第三支队义勇奖牌。

## 刘谦初与乡友在北京山东会馆的合影

1922年
山东博物馆藏

1922年6月，刘谦初被保送至燕京大学学习，抵达北京后，刘谦初（左一）与乡友在北京山东会馆合影。

## 刘谦初在燕京大学所拍全身像

1925年
山东博物馆藏

照片系1925年秋刘谦初在燕京大学时所照。正面是刘谦初侧身站立全身像，着西装皮鞋。相纸背面题写有手写字“此照片系由岭南大学寄来”。

## 刘谦初求学时用砚台

民国时期
平度市烈士陵园藏

砚亦称为研，中国传统手工艺品之一，砚与笔、墨、纸合称中国传统的文房四宝，是中国书法的必备用具。此砚台是刘谦初求学时使用过的。

## 刘谦初执教江苏镇江润州中学时穿的夏布大褂

1925年
山东博物馆藏

1925年毕业后，刘谦初曾先后在江苏镇江润州中学、广州岭南大学附中任教。在校园之外风起云涌的革命浪潮下，他更是以己之长、笔耕不辍地创办刊物，撰写进步文章，热切向往革命。他也曾穿此大褂参加了广州沙基惨案时期的群众运动。这件大褂是他的战友董秋斯保存下来的。

## 刘谦初参加广州沙基惨案群众游行时穿过的牛皮凉鞋

1926年
山东博物馆藏

皮质凉鞋。凉鞋是1926年刘谦初在岭南大学附中教书时所穿。当在广州执教时，刘谦初参加了抗议沙基惨案的群众大游行，为揭露帝国主义的暴行、鼓舞群众的深厚力量高声呐喊。同年刘谦初再度投笔从戎到武汉参加北伐军。

## 刘谦初被捕入狱后 周恩来辗转相送的毛毯

1930年
山东博物馆藏

毛料毯子，绿色和黄色格纹，多处脱线，破口，仅剩半床。

自刘谦初被反动当局逮捕入狱后，周恩来同志极为重视，党中央也多方试图营救，并通过各种渠道为他秘密寄送衣物、书刊。幸而保存下来的这张墨绿色格子毛毯就是当时周恩来同志委托在上海工作的林育南购买后，辗转千里送进监狱交给刘谦初使用的。

吴苓生

1900—1931

曾用名吴丽实、卢一之、张金德等，字松仙，江苏沭阳人，“四五”烈士之一。中国共产党在东北地区的早期领导人之一，也是在北满地区工人运动的最早领导者，他为东北党组织的创建和发展作出了重大贡献。

## 吴苓生烈士的血衣纽扣

1931年
（2021年经吴苓生孙女吴明慧女士同意拍摄）

血衣纽扣是吴苓生牺牲时贴身所穿衬衫的纽扣，烈士遗体入殓时由家人珍藏，是吴家历经四代人保存至今的红色传家宝。

1929年底，吴苓生临危受命，化名“卢一之”，来到白色恐怖笼罩下的山东，任省委书记。他在短时间内迅速组建了中共山东临时省委，恢复了两个党支部及部分共青团支部，建立了共青团济南市委。不久又将中共山东临时省委改组为中共山东省委。他对山东政治经济状况、工人队伍、党团组织等情况进行广泛调查研究，先后起草《山东职工运动决议案》和《中共山东省委关于全省政治、经济状况的报告》。同时，他有计划地调集东北骨干力量来山东协助开展工作。不到两个月时间，山东省的党组织工作恢复了正常，为大革命失败后山东省委重建和坚持党的革命工作作出了重要贡献。由于叛徒出卖，来到山东仅两个月的吴苓生不幸被捕，山东省委又一次遭到大破坏。在狱中，他化名“张金德”，在忍受了常人难以想象的酷刑后，始终不吐露秘密，坚决地与敌人斗争到最后一刻。1931年，时任山东省主席的反动军阀韩复榘下令将邓恩铭、刘谦初、吴苓生等一批共产党人杀害，吴苓生牺牲时年仅31岁。

## 任作民

1899—1942

湖南湘阴（今汨罗）人。曾任中共山东省委书记、湖南特委书记、中共中央西北局秘书长等。1928 年和 1933 年在开封、济南两次被捕，七年身系监狱，临难不苟，在狱中进行了不屈不挠的斗争。1937 年 10 月，由董必武营救出狱。后调至中共中央西北局工作。因曾在监狱中长期遭受酷刑折磨，重病缠身，1942 年在延安病逝。

## 任作民在延安追记的在开封和济南两次被捕经历的手稿

1940年
山东博物馆藏

薄白纸写成，共30页，中缺第四页。1940年春夏间任作民在延安马列学院时撰写。当时中共中央要求高级干部将自己的有关经历写成书面报告，因此，任作民将自己被捕及在国民党狱中的情况写成这份手稿，报告中央。手稿反映了任作民在狱中的卓越斗争事迹。在手稿中，任作民详细记载了在革命生涯中两度被国民党反动派抓捕入狱的经历，讲述了他在狱中遭受的严酷审讯和进行的一系列政治斗争。

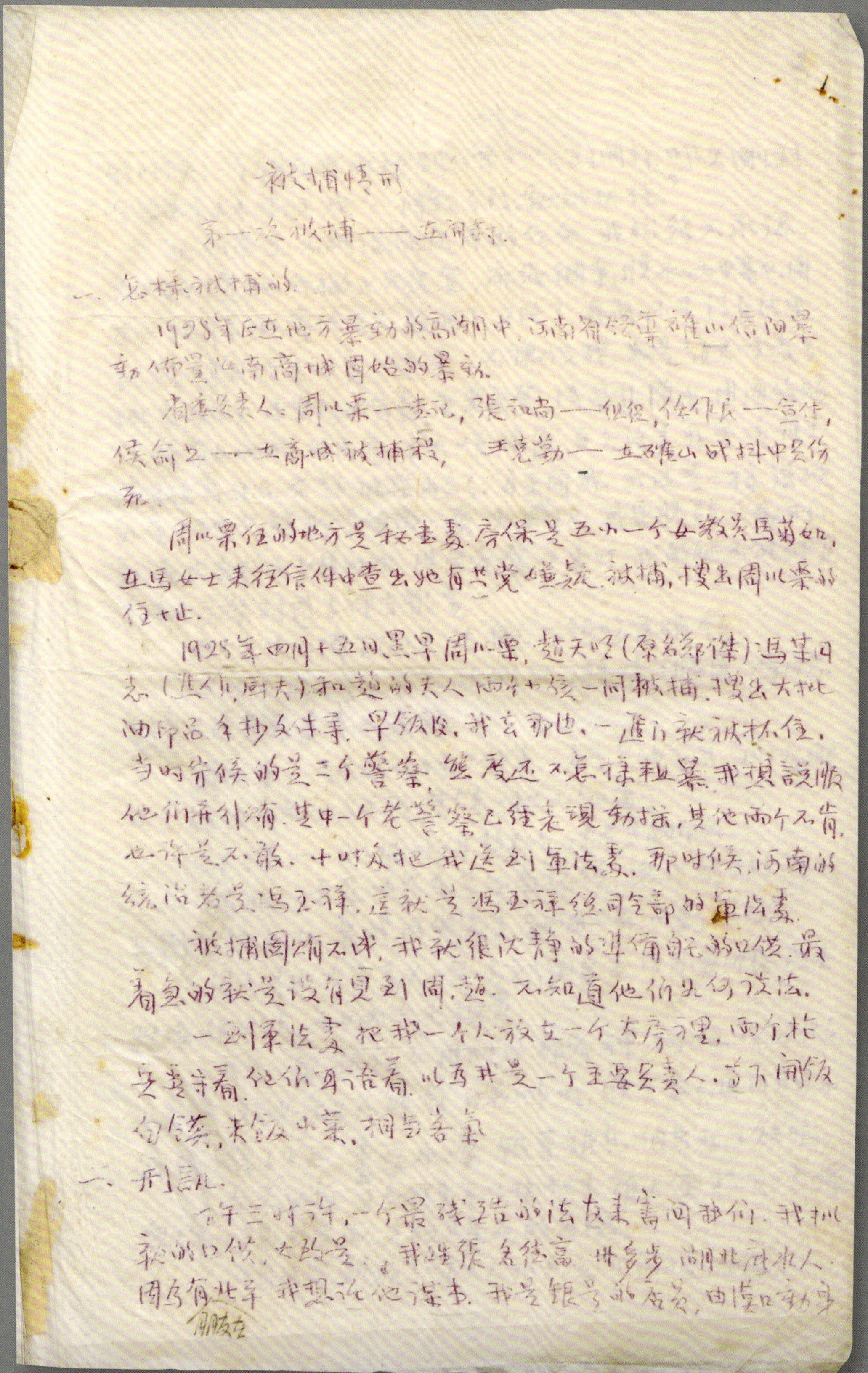

被捕情形

第一次被捕——在开封。

一、怎样被捕的。

1928年在这地方暴动的高潮中，河南省除豫东确山信阳暴动外，布置豫南商城開始的暴动。

商城负责人：周以栗——书记，張和尚——組织，徐仲良——宣传，侯俞文——在商城被捕杀，王克勤——在确山战斗中负伤死。

周以栗住的地方是秘书处，房保是五中一个女教员馬蒨如，在馬女士来往信件中查出她有共党嫌疑，被捕，搜出周以栗的住址。

1928年四月十五日黑早周以栗、赵天明（原名郑伟）馮某同志（馮介，厨夫）和赵的夫人兩个小孩一同被捕，搜出大批油印品和抄文件等。早饭后，我去那地，一进门就被抓住。当时看守的是三个警察，態度还不怎样粗暴，我想说服他们开释我。其中一个老警察已经表现动摇，其他两个不肯，也许是不敢。十时又把我送到军法处。那时候，河南的统治者是馮玉祥，这就是馮玉祥总司令部的军法处。

被捕因嫌不深，我就很沉静的准备说话的口供。最着急的就是没有见到周、赵，不知道他们出何说法。

一到军法处把我一个人放在一个大房子里，两个兵荷枪看守着，他们看守着，以为我是一个重要负责人，当下開饭白馍、米饭小菜，相当客气。

二、开訊。

下午三时许，一个最残酷的法官来审问我们。我把我的口供大略是：我姓張名德富，卅多岁，湖北沔水人。因为有些事，我想托他谋事。我是银号的店员，由汉口动身

周陵在

## 雷晋笙

**1898—1931**

又名凤仪，陕西西安人，“四五”烈士。1920 年秋，经李启汉和严信民介绍，加入中国社会主义青年团。1921 年转为中国共产党党员。1923 年 7 月，雷晋笙与林伯渠等被党的上海地方委员会编为第三组。他们按照党的第三次代表大会的决议，为推动国民革命运动开展了积极的宣传活动，发动知识分子和社会上层的进步力量推动国共合作。雷晋笙长期从事党的地下工作，曾任中共河南省委和山东省委秘书长。1930 年被捕，1931 年 4 月 5 日和邓恩铭、刘谦初等 22 名共产党员就义于济南，时年 33 岁。

**雷晋笙烈士遗像**

1931年前
山东博物馆藏

## 庄龙甲烈士生前所用佩剑

1928年前
潍坊市革命烈士陵园管理处藏

庄龙甲烈士生前所用佩剑。庄龙甲就义时年仅25岁。庄龙甲（1903—1928），字鳞森，山东潍县人。1923年由王尽美介绍加入中国共产党。在山东省立第一师范学校，他担任第一任党支部书记。1925年建立潍县第一个党支部。1926年，山东省第一个县级党组织——中共潍县地方执行委员会成立，庄龙甲担任第一任书记。1928年8月27日，庄龙甲被潍县国民党抓捕，壮烈牺牲。

中共潍县地方执行委员会是当时山东地区除山东省地方执行委员会之外的第一个地方执行委员会，在全省各县党的组织建设中产生了较大的影响，为全省其他地区党组织的建设提供了宝贵经验和发展方向，推动和促进了全省党的组织建设。

## 于子聪

1900—1938

又名于智敏，山东乳山人，出生于富裕的地主家庭。少时于子聪接受了良好的私塾教育，1915年以后，先后就读牟平瑞泉高级小学、济南育英中学。1924年考入北京俄文法政学校，在该校接受了马列主义思想和党的秘密领导。1926年于子聪毕业后弃文从武，考入济南军官学校。1928年军校毕业，正值大革命失败后恶化的政治形势，于子聪接受党组织安排回到家乡开辟党的工作，他以冯家区南汉村小学教员身份在当地秘密发展党员。1931年后先后调九区（现冯家镇、下初镇范围）、十区（现南黄镇、徐家镇及文登小观镇西部）任民兵军事教练，并在学员中发展党员。1932年8月，于子聪由刘经三介绍加入中国共产党。当年于子聪调任瑞泉中学任教，为躲避国民党的搜捕，于子聪又先后到上册区八里甸村、夏村的水井、崖子的地口村教学，其间发展多名党员。大革命失败后，原牟海特委党组织遭到国民党破坏。1933年1月，牟平县委在归仁村重建，宋绍九任书记，于子聪和张连珠、侯岳西、李国屏、于俭业等任委员。为了掩护革命工作，于子聪在家里办起夜校，党员借夜校活动开会交流。当时党组织没有活动经费，革命活动所需资金全靠自家支付。于子聪动员说通母亲和妻子，共同支持革命，为革命事业几乎散尽家产。

1933年9月，中共牟平县委借九一八事变两周年和十月革命节之际做宣传，将革命宣传标语贴满牟平县城。由于党内叛徒宋明士告密，11月，于子聪、宋绍九等相继被捕，被关押至牟平监狱里遭受严刑逼供，于子聪双腿膝盖骨粉碎，腿骨都暴露在外，仍未吐露牟平党组织、党员的任何秘密情报。因为国民党政府没有能证实其加入共产党的确切证据，难于对其裁决，遂将他关押到济南的“反省院”。于子聪在“反省院”共待了5年，长期的牢狱生活使其患上了严重的胃病，但没有消磨掉他坚强的革命意志。1937年7月13日，国共两党实行合作后，国民党政府释放政治犯，济南“反省院”关押的56人集体出狱。于子聪出狱时，是由于克恭等人用抬筐从济南抬回来的。回到家后的他拖着病残之身马上就开始了革命工作。他虽半瘫在家，仍通过胶东特委地下交通员刘松林和于建业同胶东特委保持密切联系。于子聪投身于组织、策划天福山起义工作，他家成了特委成员的交通联络站。1937年12月24日，天福山起义胜利，打响了胶东革命队伍抗日第一枪。1938年初，于子聪因常年疾病缠身，不幸逝世。

**于子聪被捕后**
**在济南第一监狱时的照片**

1932年
山东博物馆藏

**于子聪在狱中穿过的棉袜**

1932年
山东博物馆藏

## 纪子瑞

1895—1931

又名纪济民、纪玉夫，山东胶州人，“四五”烈士之一。1910 年进入青岛四方机厂做木工，是该厂早期工运骨干之一。1924 年经邓恩铭介绍，纪子瑞在青岛四方机厂加入中国共产党。1925 年 2 月 8 日，中共青岛组织发动四方机厂工人大罢工，纪子瑞担任工人纠察队队长。罢工胜利后纪子瑞任胶济铁路总工会执行委员。青岛日商纱厂工人大罢工时，被派到纱厂工会，协助组织发动工作，罢工失败后遭通缉，离开青岛到外地坚持革命斗争。1926 年受中共山东地委派遣，到枣庄地区开展工人运动和建党工作，成绩卓越。1927 年 10 月，当选为中共山东省执行委员会委员。1929 年初，根据党组织指示，重返四方机厂工作。同年 6 月，山东和青岛党组织由于叛徒出卖遭到严重破坏，纪子瑞被捕后被解往济南。纪子瑞在狱中两次参加组织越狱斗争，因伤势过重，两次逃离未成，受尽酷刑仍坚贞不屈。1931 年 4 月 5 日在济南壮烈牺牲，时年 36 岁。

## 纪子瑞写革命信件时使用的墨海

1925—1928年
青岛市博物馆藏

石质，这是纪子瑞于1925—1928年期间在其家乡胶州里岔村书写革命信件时使用的墨海。1977年7月2日，由其子纪同睦捐赠。

## 纪子瑞在青岛四方机厂做木工时做的圆小木座

1925年
青岛市博物馆藏

木质矮座，这是纪子瑞1925年前在青岛四方机厂以木工身份为掩护从事工人活动时亲手制作的。1977年7月2日，由其子纪同睦捐赠。

## 纪子瑞在青岛四方机厂做木工时做的小木盒

1928年
青岛市博物馆藏

木质小盒。这件红木小盒是1925年之前纪子瑞在青岛四方机厂以木工身份为掩护从事工人活动时亲手制作的。

## 鲁伯峻

1895—1927

原名鲁广德，字伯峻，山东济南历城人。山东早期工人运动领袖之一。早年读书，1916 年毕业于山东师范讲习所，五四运动时开始接受进步思想，在其父鲁佛民影响下阅读进步书刊，寻找救国救民的道路。1920 年在济南同王尽美、邓恩铭等一起组织励新学会后，参加“马克思学说研究会”。五卅运动时组织济南鲁丰纱厂工人罢工，迫使厂方答应“成立工会，建立夜校”等 12 项要求。1924 年加入中国共产党。是年秋，到青岛肩负起四方、沧口各厂党组织领导工作。同年冬，他领导了钟渊纱厂（后改为青岛国棉六厂）工人向日本资本家开展的“增加工资、缩短工时、保障人权”的斗争；组织了宝来纱厂（后改为青岛国棉九厂）工人同封建把头的斗争。1927 年春到济南参与山东省委领导，分管宣传工作，兼搞近郊农民运动。同年 5 月，封建军阀张宗昌在济南疯狂逮捕共产党人，中共山东省委机关遭破坏，因叛徒出卖，鲁伯峻于 5 月 21 日在寓所被捕。狱中遭酷刑，坚贞不屈。1927 年 5 月 23 日被敌人杀害于济南千佛山刑场。

## 鲁伯峻使用过的铜墨盒

1926年

山东博物馆藏

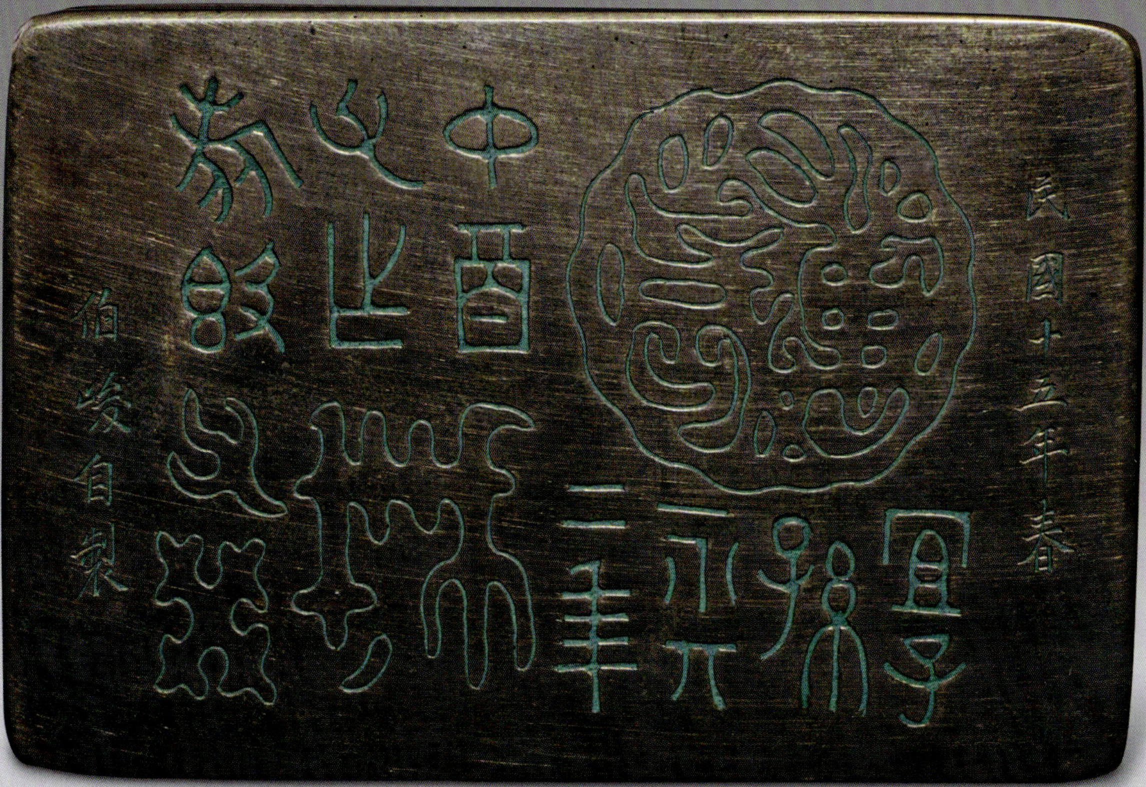

## 鲁伯峻领导胶澳商埠水道局工人俱乐部时的章程

1925年
青岛市博物馆藏

1925年6月25日水道局李村水源地工人、中共党员李德根、张洪礼经过秘密串联李村、白沙河水源地及水道局本部工人，在阎家山村公开成立“胶澳商埠水道局工人俱乐部”。章程规定，俱乐部以改良生活、增高地位、联络感情、实行互助、增进

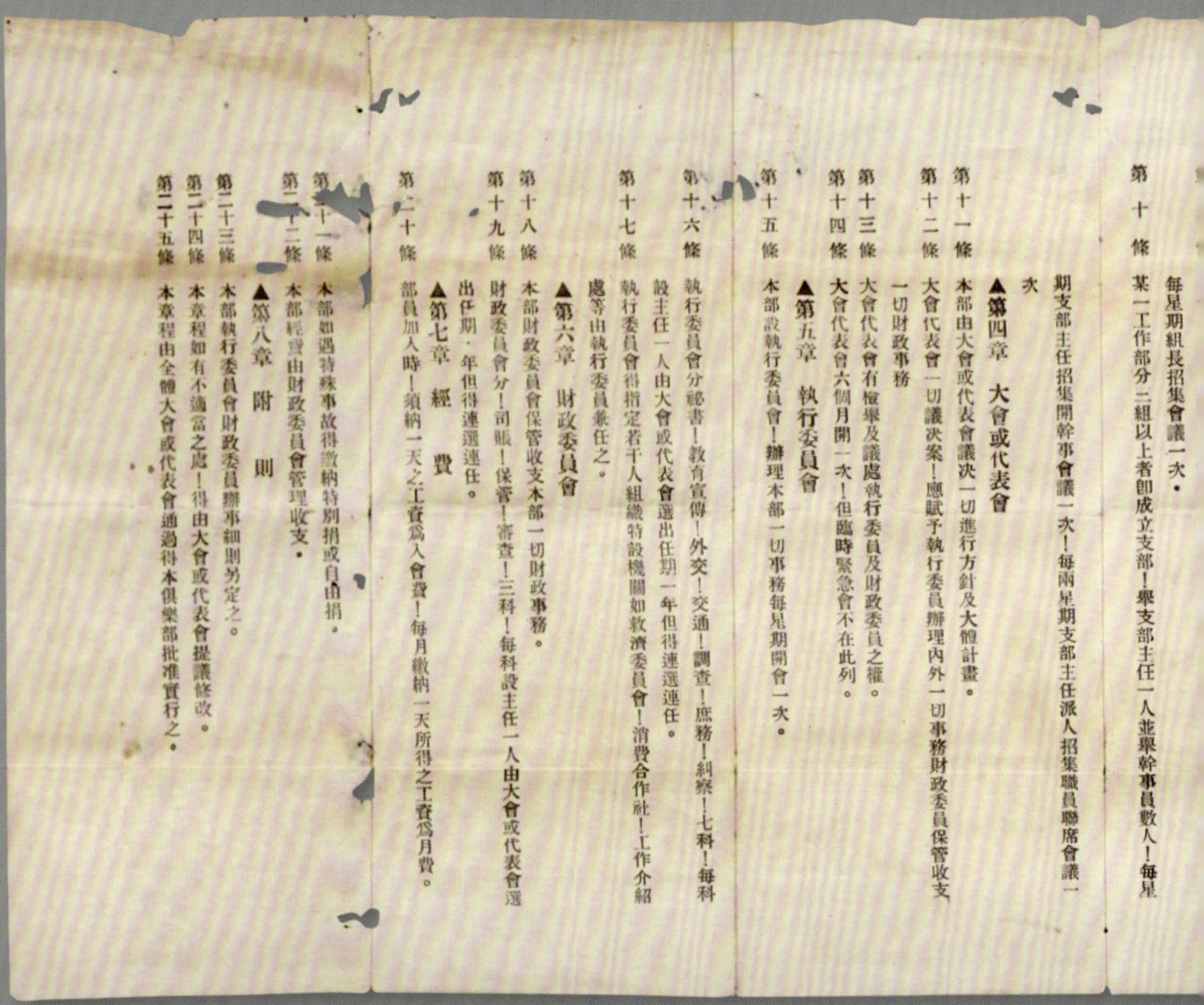
每星期組長招集會議一次。
第十條 某一工作部分二組以上者卽成立支部！舉支部主任一人並舉幹事員數人！每星期支部主任招集開幹事會議一次！每兩星期支部主任派人招集職員聯席會議一次

▲第四章 大會或代表會
第十一條 本部由大會或代表會議決一切進行方針及大體計畫。
第十二條 大會代表會一切議決案！應賦予執行委員辦理內外一切事務財政委員保管收支一切財政事務
第十三條 大會代表會有檢舉及議處執行委員及財政委員之權。
第十四條 大會代表會六個月開一次！但臨時緊急會不在此列。

▲第五章 執行委員會
第十五條 本部設執行委員會！辦理本部一切事務每星期開會一次。
第十六條 執行委員會分祕書！教育宣傳！外交！交通！調查！庶務！糾察！七科！每科設主任一人由大會或代表會選出任期一年但得連選連任。
第十七條 執行委員會得指定若干人組織特設機關如救濟委員會！消費合作社！工作介紹處等由執行委員兼任之。

▲第六章 財政委員會
第十八條 本部財政委員會保管收支本部一切財政事務。
第十九條 財政委員會分！司賬！保管！審查！三科！每科設主任一人由大會或代表會選出任期．年但得連選連任。

▲第七章 經 費
第二十條 部員加入時！須納一天之工資爲入會費！每月繳納一天所得之工資爲月費。
第二十一條 本部如遇特殊事故得徵納特別捐或自由捐。
第二十二條 本部耗費由財政委員會管理收支。

▲第八章 附 則
第二十三條 本部執行委員會財政委員辦事細則另定之。
第二十四條 本章程如有不適當之處！得由大會或代表會提議修改。
第二十五條 本章程由全體大會或代表會通過得本俱樂部批准實行之。

知识、唤起觉悟等为宗旨。总部设在阎家山，在白沙河水源地和李村水源地设两个分部。俱乐部成立后，实际起着工会组织的作用。1925年12月俱乐部被胶澳商埠水道局下令封闭。1925年底，中共党员鲁伯峻到阎家山以举办工人子弟学校作掩护，开办工人夜校，发展党员，开展工人运动，并成立中共阎家山支部，工人俱乐部又秘密恢复活动。1926年底，阎家山党支部被破坏，工人夜校被封，工人俱乐部也停止活动。

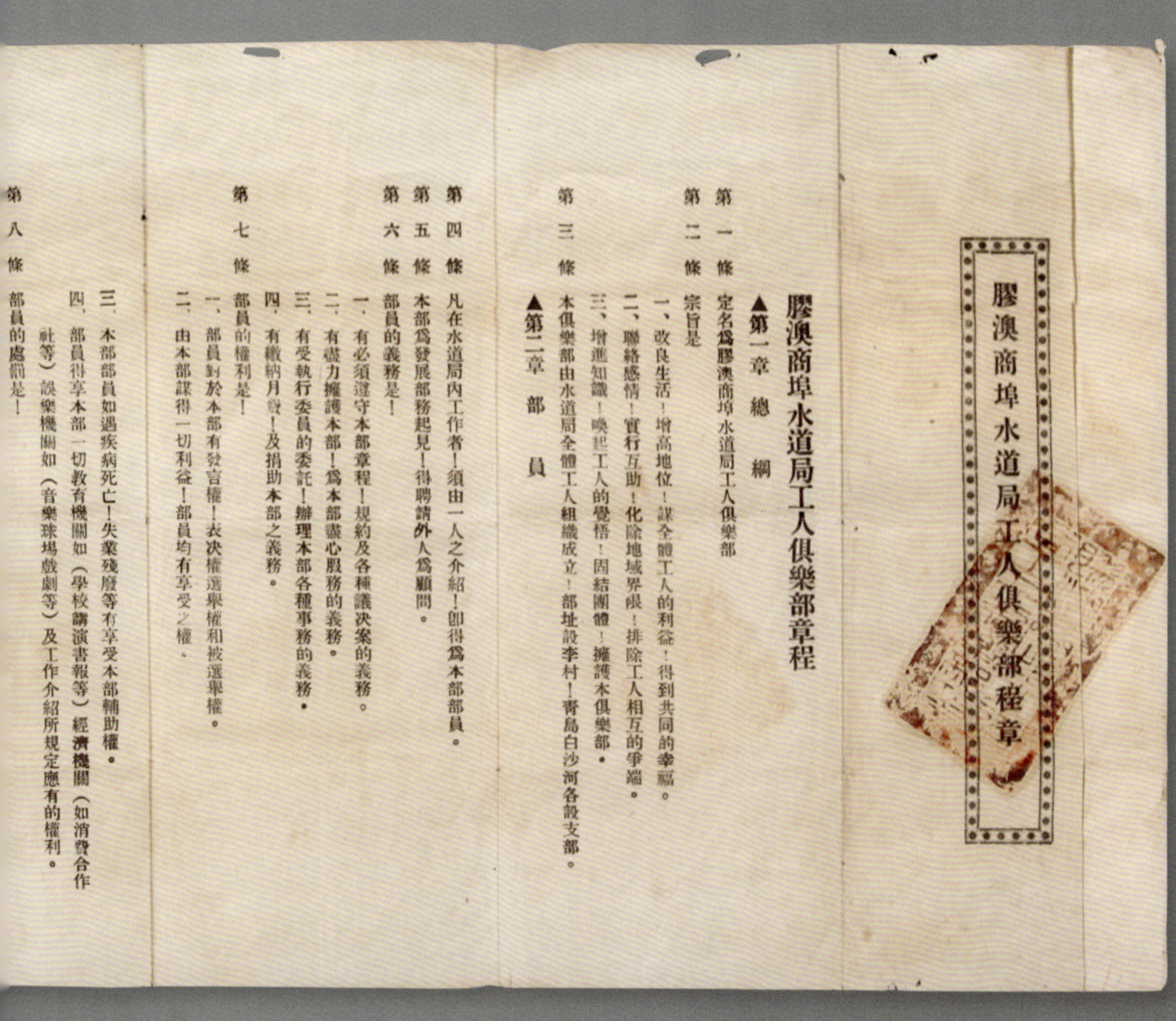

膠澳商埠水道局工人俱樂部稽章

膠澳商埠水道局工人俱樂部章程

▲第一章 總綱

第一條 定名爲膠澳商埠水道局工人俱樂部

第二條 宗旨是

一、改良生活！增高地位！謀全體工人的利益！得到共同的幸福。

二、聯絡感情！實行互助！化除地域界限！排除工人相互的爭端。

三、增進知識！喚起工人的覺悟！固結團體！擁護本俱樂部。

第三條 本俱樂部由水道局全體工人組織成立！部址設李村！青島白沙河各設支部。

▲第二章 部員

第四條 凡在水道局內工作者！須由一人之介紹！即得爲本部部員。

第五條 本部爲發展部務起見！得聘請外人爲顧問。

第六條 部員的義務是！

一、有必須遵守本部章程！規約及各種議決案的義務。

二、有盡力擁護本部！爲本部盡心服務的義務。

三、有受執行委員的委託！辦理本部各種事務的義務。

四、有繳納月費！及捐助本部之義務。

第七條 部員的權利是！

一、部員對於本部有發言權！表決權選舉權和被選舉權。

二、由本部謀得一切利益！部員均有享受之權。

三、本部部員如遇疾病死亡！失業殘廢等有享受本部輔助權。

四、部員得享本部一切教育機關如（學校講演書報等）經濟機關（如消費合作社等）誤樂機關如（音樂球場戲劇等）及工作介紹所規定應有的權利。

第八條 部員的處罰是！

## 姜效汶

**1901—1933**

1901 年出生于山东胶县东乡大店村。1929 年由本村姜谔生介绍加入中国共产党，为胶州地方早期党员之一。翌年，受地下党组织委派参加国民党胶县民团，任第一中队三排排长，借民团军官的合法身份，掩护在国民党胶县党部任职的中共地下党员刘冰做工作。后来引起县长谢锡文的注意，被调到前店口村驻防。仍借民团军官的合法身份支持当地村民组织农民协会的工作，先后发展会员 77 人。1931 年夏，在秘密组织筹备大沽河武装暴动的过程中，不慎泄露暴动计划，遭到韩复榘军队的围剿，离开家乡奔赴东北，参加了杨靖宇将军领导的抗日义勇军。1931 年 9 月，九一八事变爆发，姜效汶在东北反日救国会会长杨靖宇的直接领导下，在通化一带发动群众，从事抗日救国活动。1933 年，他先后在东北人民革命军第一独立师任团长、在东北抗日联军第一军任旅长。后在一次战斗中，被日本侵略军围困在某山头，不幸壮烈牺牲，终年 32 岁。

### 姜效汶写标语传单所用砚台

1928年

青岛市博物馆藏

姜效汶曾用这方砚台写过标语传单。

## 李素若使用过的铜质墨盒

1925年
冀鲁豫边区革命纪念馆藏

李素若是直南地区中共党组织的创始人之一，1925年加入中国共产党。1927年4月，他以教员的公开身份到大名县的直隶省立第七师范学校后，发展了很多教职员工、学生为中共党员，使大名七师成为直南革命的一个重要策源地，为这一地区党组织的发展作出重要贡献。1928年后到国民党烟台军阀刘珍年部队从事党的地下活动。1931年在险恶的政治局势下，向中共中央赴烟台代表关向应请示后，将刘部军内共产党员全部撤走，无人被捕被害。

## 李素若使用过的石砚台

1925年

冀鲁豫边区革命纪念馆藏

## 刘凤扬

**1906—1932**

山东胶县（今胶州市）人。1928 年加入中国共产党。1929 年考入胶县师范讲习所，联络讲习所进步学生进行革命宣传活动，并组织了胶县“互济会”，发展会员 20 多人。1931 年 9 月，青岛党组织遭到破坏，他亦受牵连被敌逮捕，关押在济南监狱。在狱期间，刘凤扬受尽酷刑，始终坚贞不屈，严守党的秘密，保护了党的组织。1932 年病逝于狱中。

## 胶县第一批共产党员刘凤扬做地下工作时穿的雨鞋

1927年

青岛市博物馆藏

## 王博昌

**1906—1938**

原名王汉儒，字杰三，山东博兴人。1925 年考入北平朝阳大学，毕业后任博兴县师范讲习所所长。1931 年经刘顺元介绍加入中国共产党，1932 年“八四暴动”时任中共博兴后备县委书记。1938 年 6 月任中共博兴县委书记，建立并领导了博兴县第一支抗日武装——博兴抗日人民志愿军，同年 8 月，率博兴抗日人民志愿军南下临淄，编入八路军鲁东抗日游击队第八支队，任十三大队政委。1938 年 9 月 18 日，在临淄六天雾与大股日军遭遇，他为掩护部队安全撤离，壮烈牺牲，年仅 32 岁。

## 王博昌存北平朝阳大学同学录

1930年

博兴县博物馆藏

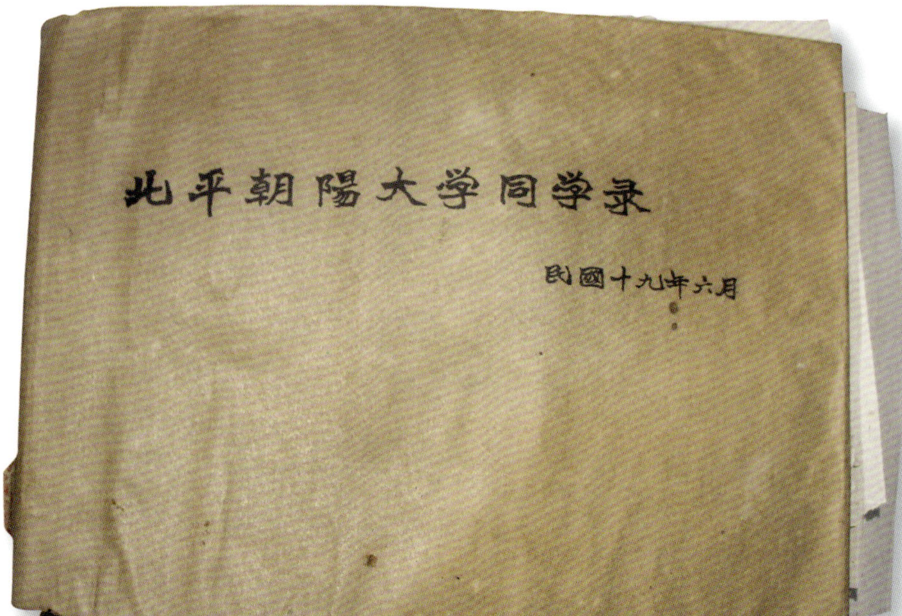

博兴早期共产党人王博昌1930年于北平朝阳大学毕业时的同学录。封面已遗失，现有封面为王博昌后人补订。共有六篇序言，为江庸、陈振鹭、陶唯能等人作，还有余棨昌、方宗鳌、靳永清等人的题词。后边内容有本校概况、学校所获荣誉、学校照片、毕业合影照片、校董校长及职员单人照、学生单人照，后附教职员工及学生通讯录等。王博昌照片下原写其原名“王汉儒”，“汉儒”二字被其后人刮去，改为“博昌”，后又刮去。北平朝阳大学是1912年由汪有龄等人创办的私立法科大学，1949年更名为“北平政法学院”，后易名“中国政法大学”，1950年2月与原华北大学合并成立中国人民大学。

## 左武堂

**1906—1934**

原名左干城，山东莱阳人。1926 年春考入莱阳县立中学。1928 年考入山东省财政厅举办的讲习所。1930 年经人介绍到刘珍年部三旅九团当书记官。其间他目睹了军阀混战给人民带来的苦难，受到中国共产党领导的工农红军英勇斗争事迹的影响，开始认真思索人生的正确道路，接受马列主义思想教育，积极向党组织靠拢。1932 年 10 月，左武堂经孙世平介绍加入中国共产党，在莱阳积极从事党的活动，侦察敌情、发展党员、建立武装游击队，给当地反动势力以沉重打击。1934 年初，莱阳反动政府开始到处搜捕共产党人，左武堂几次突围脱险，然 2 月 21 日下午被国民党密探和反动军警跟踪逮捕。在敌人的严刑之下，左武堂坚守共产主义信仰，牺牲自己保全同志，被枪杀于通往刑场的路上，年仅 28 岁。

### 左武堂烈士像

1933年
山东博物馆藏

## 郑心亭

1909—1933

青州早期共产党员的代表。1926 年加入中国共产主义青年团，不久加入中国共产党。1933 年 5 月 8 日，在益都暴动中任暴动总指挥。但暴动终因缺少武器、没有战斗经验、遭到敌人的围攻而失败。郑心亭被杀害，牺牲时年仅 24 岁。

## 郑心亭使用过的墨盒

青州市博物馆藏

铜质墨盒，盒盖作有题刻，落款是弟鼎之，同时刻有：“天许作闲人”“人淡如菊”“多才”“名士”“范父”等章。

经历土地革命战争的血雨腥风后，山东党组织变得更加坚强。到全面抗战爆发前，山东省有近50个县级以上的党领导机构，党员近2000人，为领导全省人民抗日斗争奠定了组织基础。

1933年7月中共山东省委员会遭到破坏后，与上级组织失去联系长达两年。在极端困难的条件下，全省各地党组织没有丧失革命信心，顽强不屈地独立坚持斗争。其中，济南乡师党支部在恢复发展济南党组织和重建山东省委过程中作出了重要贡献，被誉为“摧不垮的战斗堡垒”。

**土地革命战争时期山东省若干年份党员数量统计表**

| 年份 | 组织名称 | 党员数量 |
|---|---|---|
| 1927年6月 | 中共山东区执行委员会 | 近1500人 |
| 1928年11月 | 中共山东省委员会 | 约200人 |
| 1931年7月 | 中共山东省委员会 | 600余人 |
| 1931年12月 | 中共山东省委员会 | 600余人 |
| 1937年7月 | 中共山东省委员会 | 约2000人 |

济南乡师旧址（现位于山东省济南市天桥区明湖中学校园内）

第二章

# 工农武装 英勇悲壮

土地革命战争时期是中国共产党在极端困难的条件下坚持斗争并达到政治上成熟的重要时期。大革命失败后，八七会议的召开开启了中国共产党农村包围城市、武装夺取政权的正确革命道路。山东党组织多次发动农民武装暴动和工人罢工斗争。到全面抗战爆发前，山东省已有近50个县级以上党的领导机构，党员近2000人，为领导全省人民抗日斗争、迎接新革命高潮的到来奠定了坚实的组织基础。

大革命失败后，1927 年 8 月 7 日，中共中央在湖北汉口秘密召开紧急会议（八七会议）。会议确定了土地革命和武装反抗国民党反动派的总方针。

### 吴亚鲁

1898—1939

原名吴肃，字肃之，号亚鲁，江苏如皋人。1922 年加入中国共产党。1925 年吴亚鲁领导成立了徐州第一个中国共产党支部——中共铜山特别支部。国民大革命失败后，山东党组织接连遭受重大破坏，白色恐怖的阴霾笼罩齐鲁。1930 年底，吴亚鲁临危受命，接受党中央调派来到山东工作，先后任省委秘书长兼宣传部部长、省委常委等职。在任期间，吴亚鲁创办了省委机关报——《山东红旗报》。

## 《山东红旗报》（“二七纪念特刊”）

1931年2月7日
山东博物馆藏

版面16开，刻写、蜡版正反油印。报头：山东红旗报，二七纪念特刊，1931年2月7日出版。该期报纸以纪念“二七”京汉铁路工人大罢工运动八周年纪念日为契机，正面刊登《怎样纪念二七》《二七的经过》两篇文章，背面刊有文章《纪念二七烈士——工人领袖林祥谦》和《纪念二七的死者——施洋同志》。

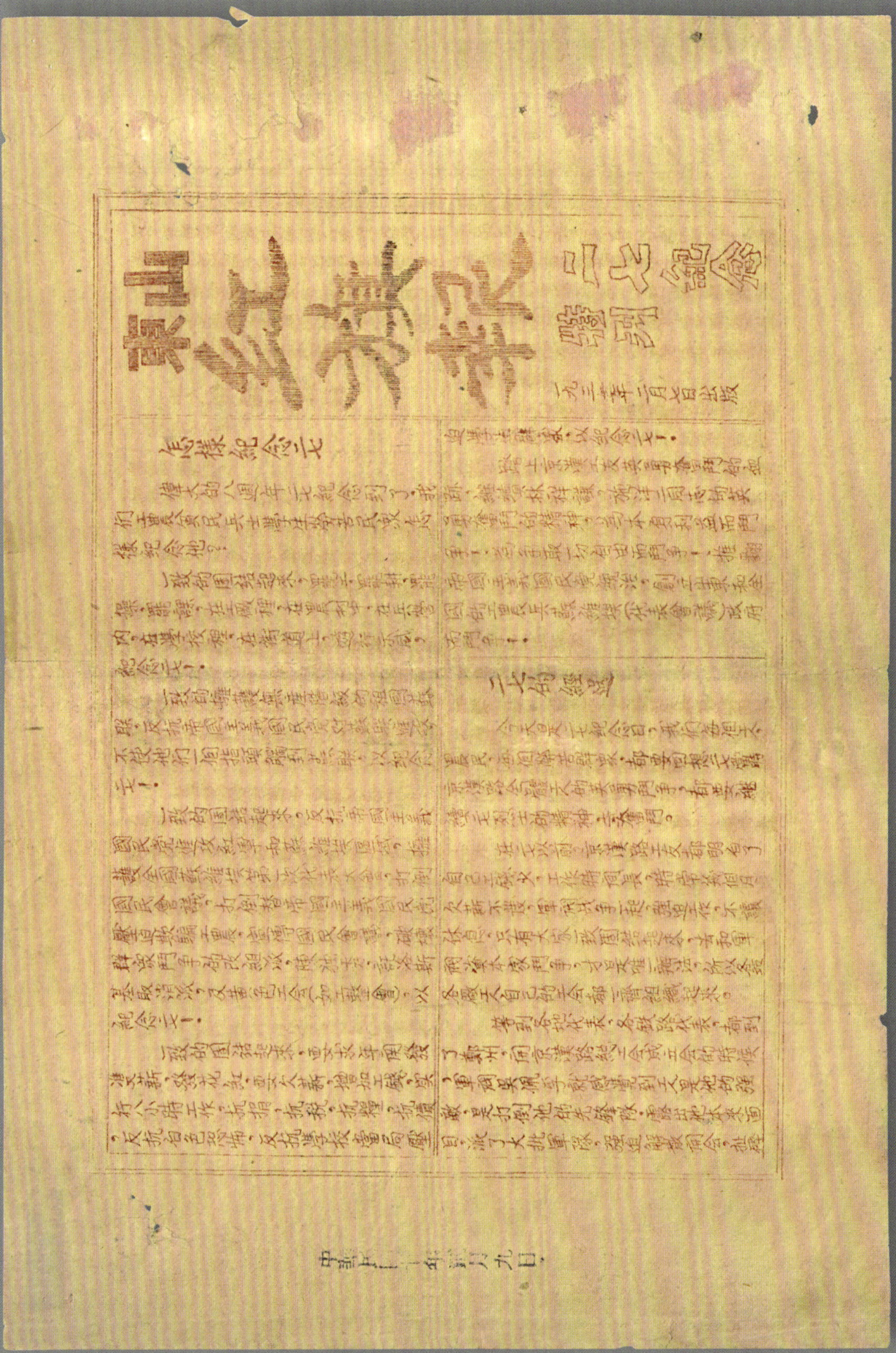

東山紅旗報

紀念二七特刊

怎樣紀念二七

二七的意義

## 《山东红旗报》（第七期）

1931年2月8日
山东博物馆藏

版面16开，刻写、蜡版正反油印。报头：山东红旗报，第七期，1931年2月8日出版。正面有《妇女起来　纪念三八节！》《红军主要部队集中江西》等八篇文章，背面有《全世界经济恐慌中芝加哥将破产》《刮民党歌》等八篇文章。

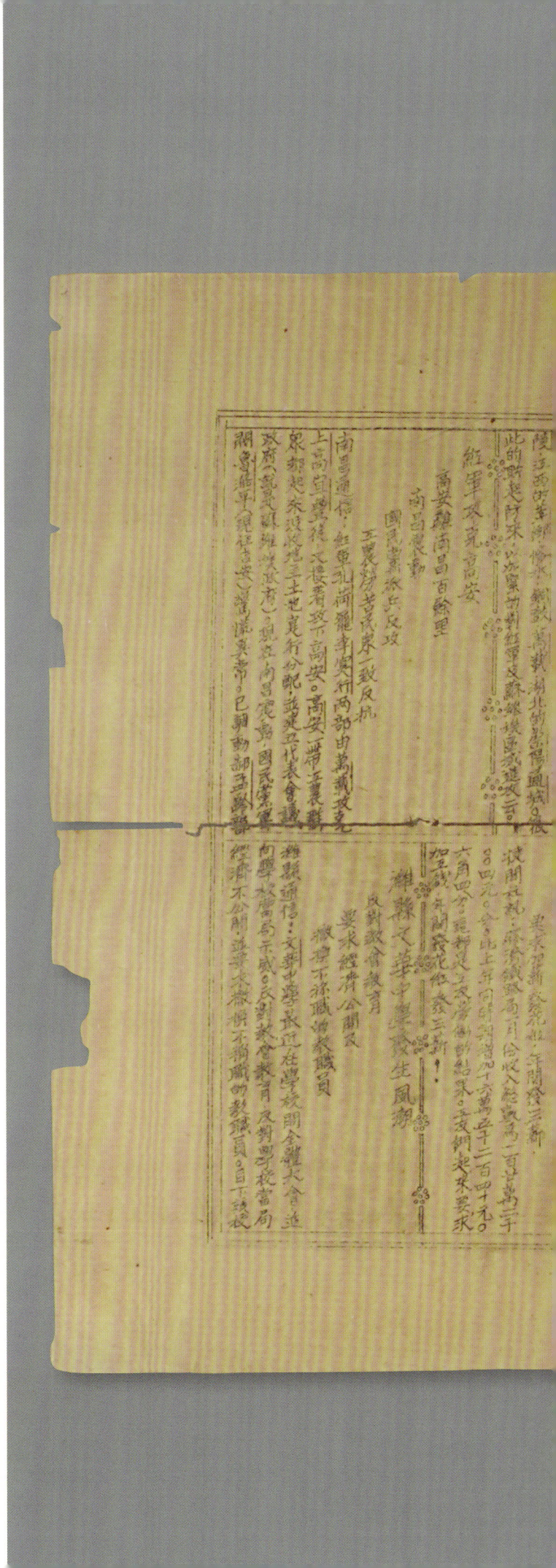

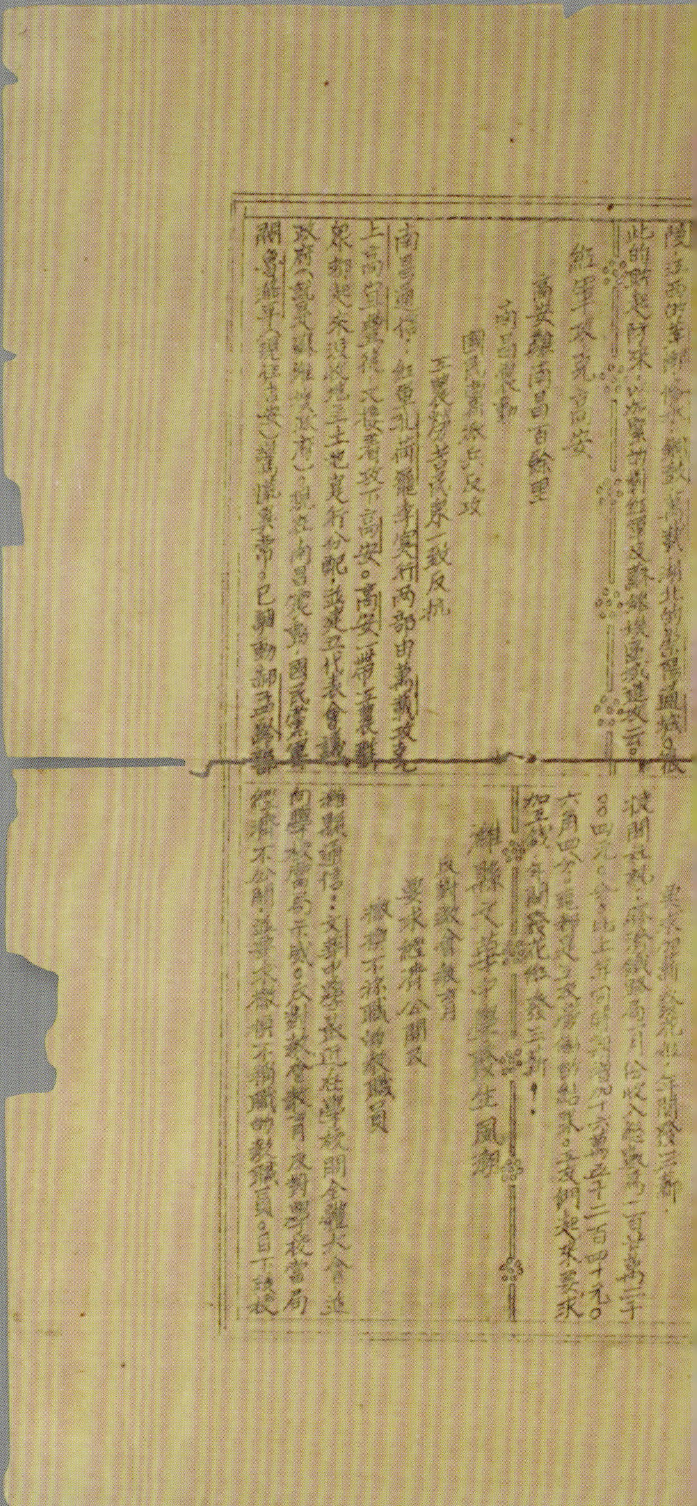
紅軍攻克吉安
高安離南昌百餘里
南昌震動
國民黨派兵反攻
工農紛紛起來一致反抗

濰縣文華中學發生風潮
反對教會教育
要求經濟公開
撤換不稱職的教職員

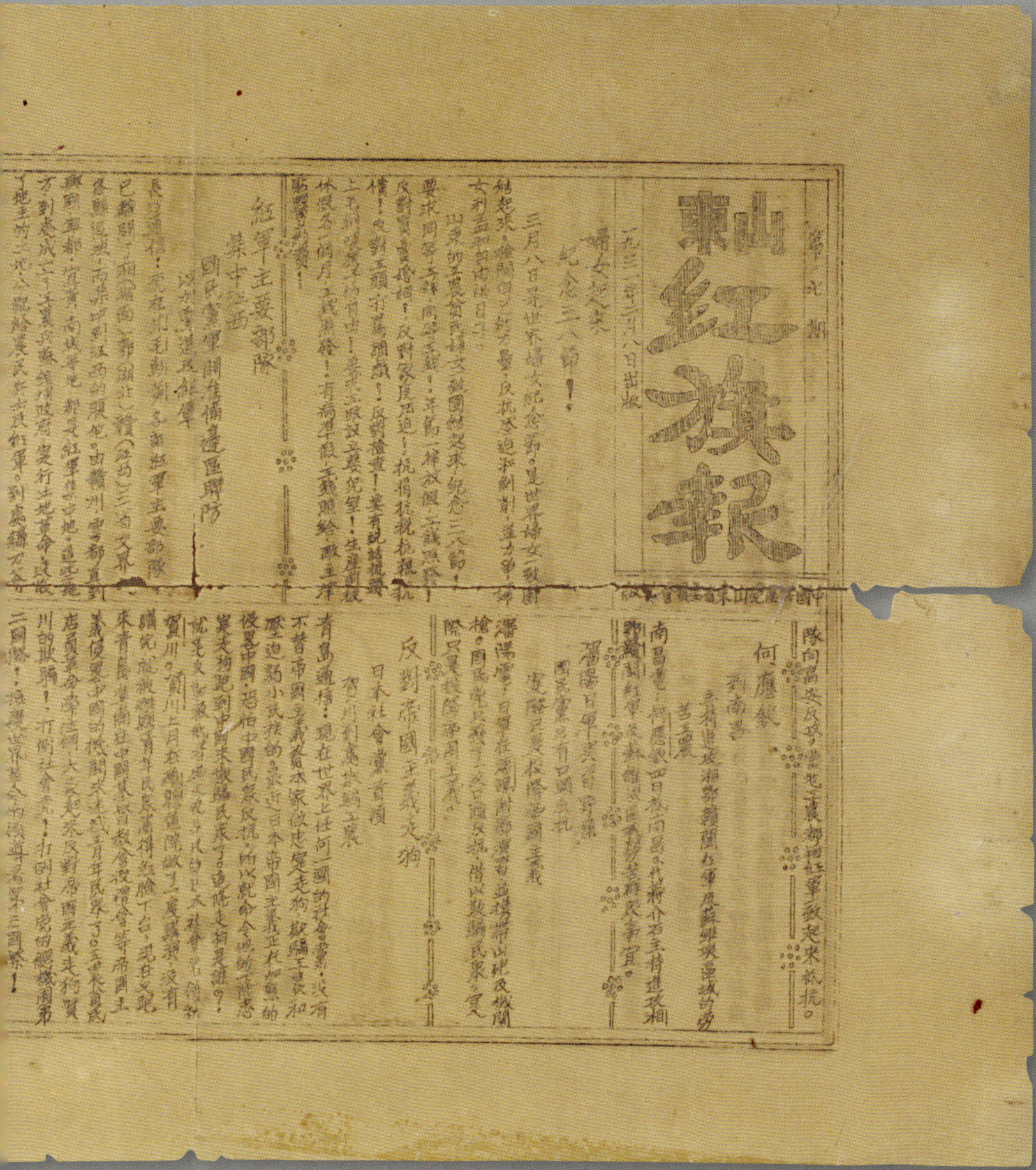

山東紅旗報

第九期

一九三一年三月八日出版

婦女起來紀念三八節！

三月八日是世界婦女紀念節，是世界婦女一致團結起來……

紅軍主要部隊集中江西

國民黨軍閥佳備邊區聯防

何應欽到南昌

反對帝國主義走狗

日本社會黨首領

# 《山东红旗报》（第十九期）

1931年3月27日
山东博物馆藏

版面16开，刻写、蜡版正反油印。报头：中国共产党山东省委员会机关报《山东红旗报》，第十九期，1931年3月27日出版（星期五），每期铜元一枚。正面有《纪念四一二·四周年纪念》《反对国民党的烧杀政策》两篇文章，背面有《邵伯乡民暴动》《陕西固源变兵战胜军队被缴械》等文章。

《山东红旗报》是1930年12月至1931年4月中共山东临时省委机关报。1930年12月，中共中央鉴于山东党组织因叛徒出卖，特派吴亚鲁到山东重组中共山东省委，在青岛组成临时省委，并将原青岛市委的《青岛红旗报》改为临时省委机关报，定名《山东红旗报》。1930年12月26日，中共山东省委机关报——《山东红旗报》在青岛秘密发行，读者对象为党员和工农群众。第一期油印，周刊；第八期后改为每星期二、五出版两期。版面8开、16开、32开不定。1931年4月14日，省委机关再次被叛徒出卖遭到破坏，《山东红旗报》被迫停刊，一共仅出版22期。《山东红旗报》在山东地区中秘密传播，以纪念“二七”“四一二”等契机猛烈抨击国民党反动派的白色恐怖统治，并大量宣传报道全国各地工人运动、工人罢工和农民暴动情况等，鼓舞、动员人民群众起来参加革命斗争。

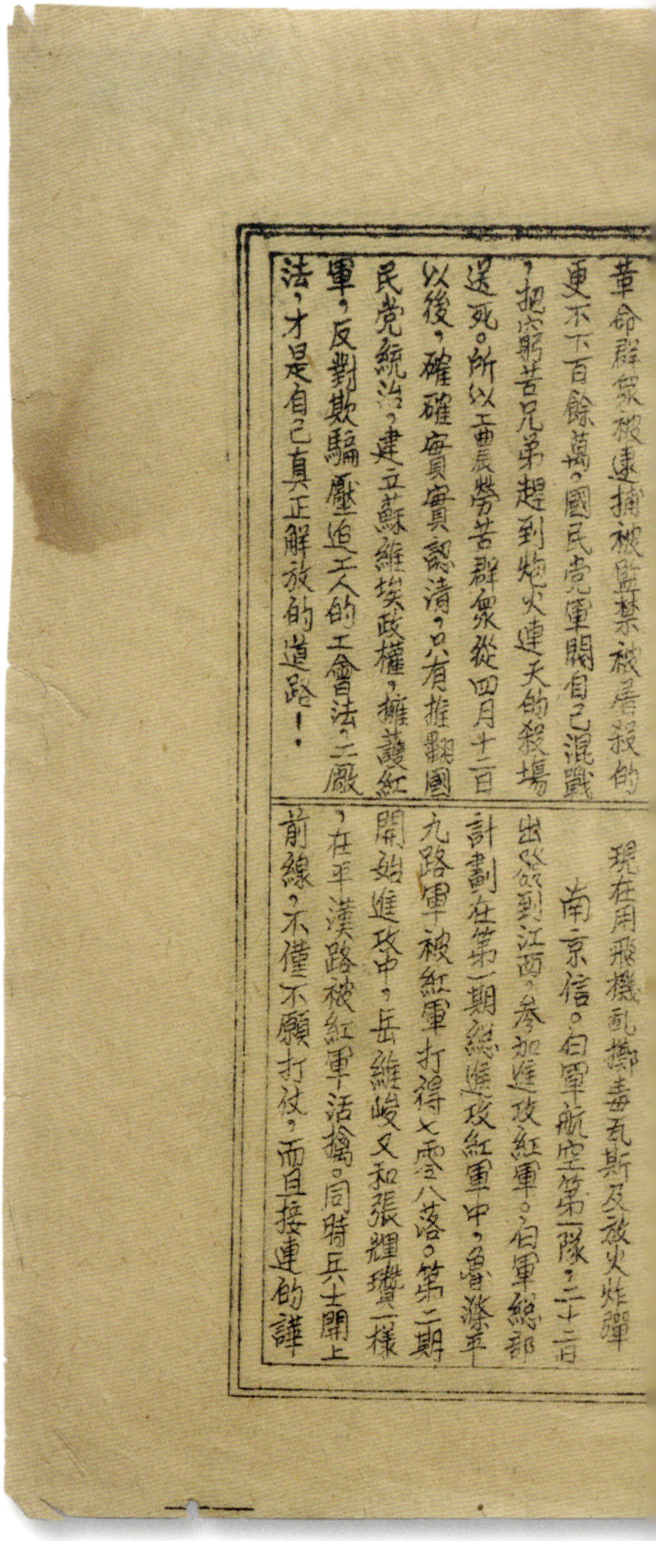
革命群衆被逮捕被監禁被屠殺的更不下百餘萬。國民党軍閥自己混戰，把窮苦兄弟趕到炮火連天的殺場送死。所以工農勞苦群衆從四月十二日以後，確確實實認清，只有推翻國民党統治，建立蘇維埃政權，擁護紅軍，反對欺騙壓迫工人的工會法、工廠法，才是自己真正解放的道路！

現在用飛機亂擲毒瓦斯及放火炸彈

南京信。白軍航空第一隊，二十日出發到江西，參加進攻紅軍。白軍總部計劃在第一期總進攻紅軍中，魯滌平九路軍被紅軍打得七零八落。第二期開始進攻中，岳維峻又和張輝瓚一樣，在平漢路被紅軍活擒。同時兵士開上前線，不僅不願打仗，而且接連的譁

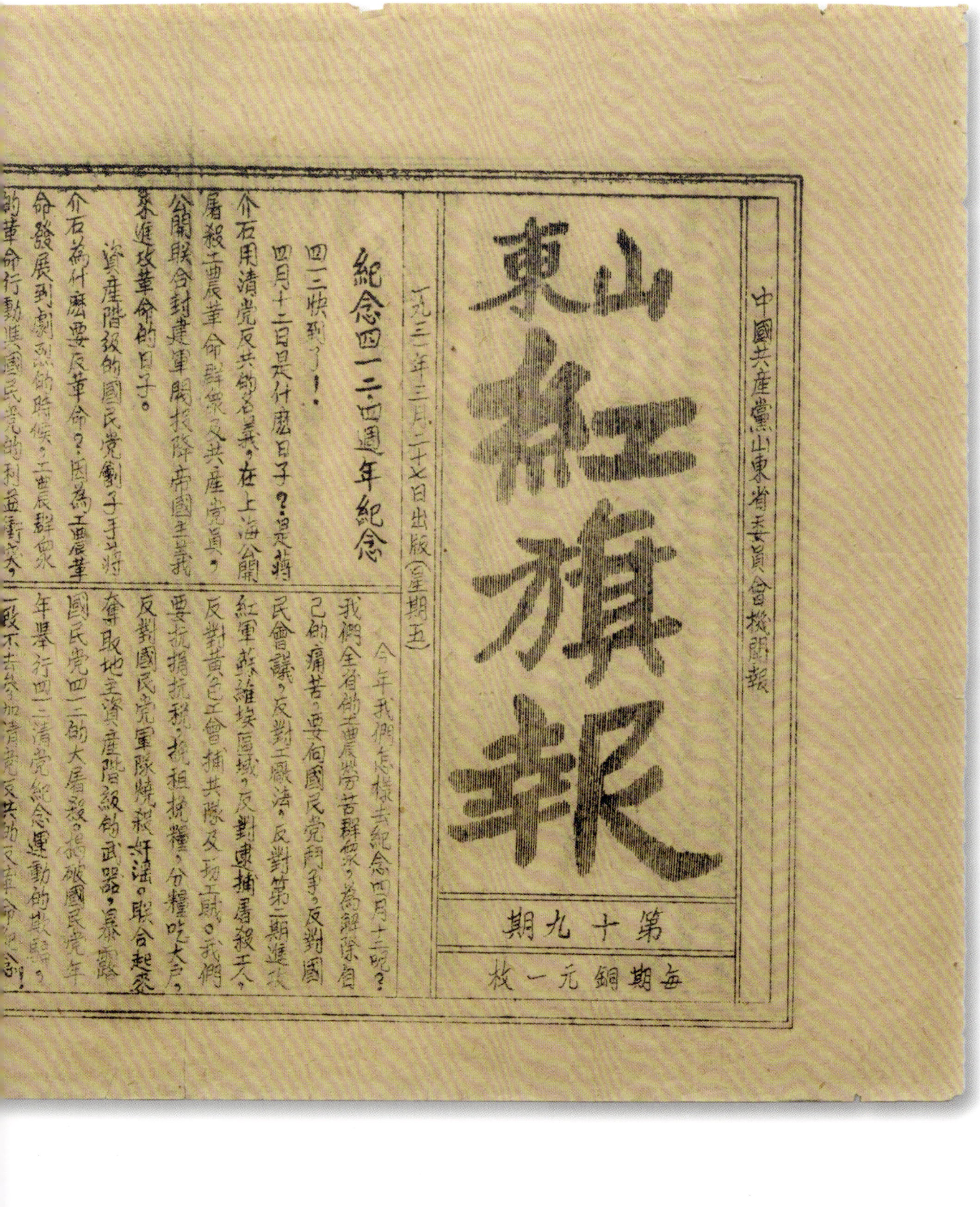

中國共產黨山東省委員會機關報

山東紅旗報

一九三一年三月二十七日出版(星期五)

第十九期

每期銅元一枚

紀念四一二·四週年紀念

四一二快到了!

四月十二日是什麽日子?是蔣介石用清党反共的名義,在上海公開屠殺工農革命群衆及共產党員,公開联合封建軍閥投降帝國主義來進攻革命的日子。

資產階級的國民党劊子手蔣介石為什麽要反革命?因為工農革命發展到劇烈的時候,工農群衆的革命行動與國民党的利益衝突。

今年我們怎樣去紀念四月十二呢?

我們全省的工農勞苦群衆,為解除自己的痛苦,要向國民党鬥爭,反對國民會議,反對工廠法,反對第三期進攻紅軍蘇維埃區域,反對東捕屠殺工人,反對黃色工會捕共隊及動工賊。我們要抗捐抗稅,抗租抗糧,分糧吃大户,反對國民党軍隊燒殺奸淫,聯合起來奪取地主資產階級的武器,暴露國民党四一二的大屠殺,揭破國民党年年舉行四一二清党紀念運動的欺騙,一致不去參加清党反共的反革命紀念!

# 《山东红旗报》（第二十期）

1931年4月1日
山东博物馆藏

版面16开，刻写、蜡版正反油印。报头：中国共产党山东省委员会机关报《山东红旗报》，第二十期，1931年4月1日出版（星期三），每期铜元一枚。正面有《国民党欢迎日本联合舰队》《青岛工人加紧准备纪念四一二的工作》等三篇文章，背面有《土产商彻底反抗国民党》《绥远灾祸奇重》等四篇文章。

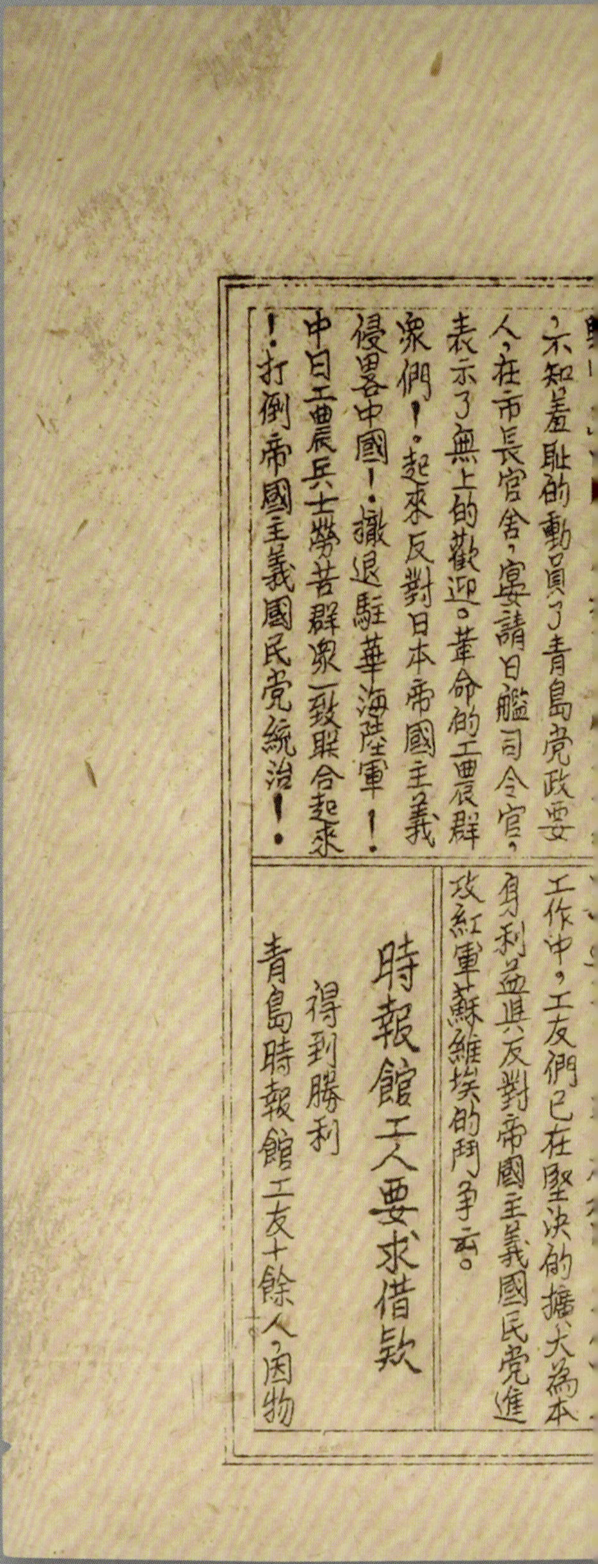
不知羞恥的動員了青島党政要人，在市長官舍，宴請日艦司令官，表示了無上的歡迎。革命的工農群衆們！起來反對日本帝國主義侵略中國！撤退駐華海陸軍！中日工農兵士勞苦群衆一致聯合起來！打倒帝國主義國民党統治！

工作中，工友們已在堅決的擴大為本身利益與反對帝國主義國民党進攻紅軍蘇維埃的鬥爭云。

時報館工人要求借款
得到勝利

青島時報館工友十餘人，因物

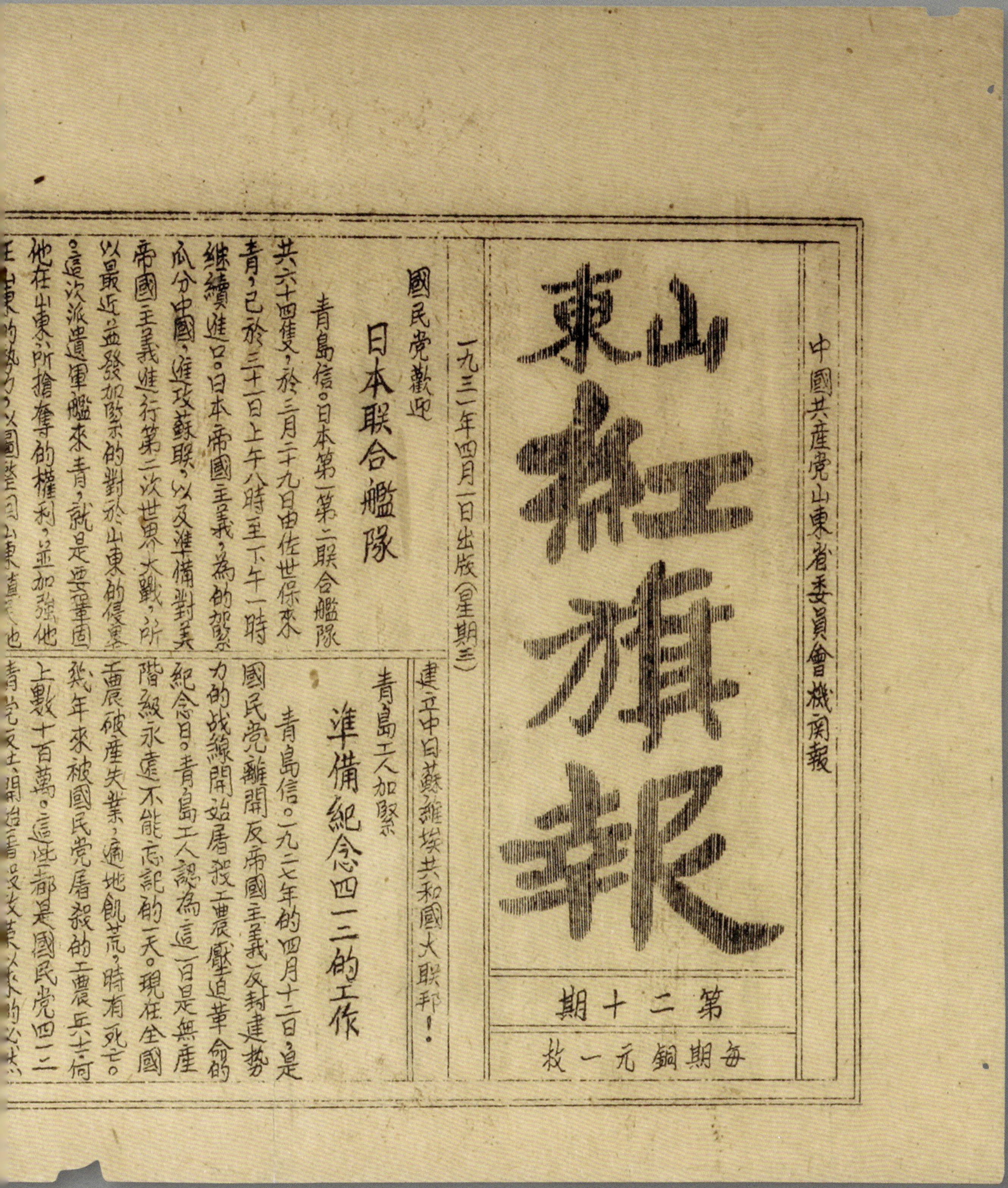
中國共產党山東省委員會機關報

山東 紅旗報

第二十期

每期銅元一枚

一九三一年四月一日出版（星期三）

建立中日蘇維埃共和國大联邦！

國民党歡迎
日本联合艦隊

青島信。日本第一第二联合艦隊共六十四隻，於三月二十九日由佐世保來青，已於三十一日上午八時至下午一時繼續進口。日本帝國主義，為的緊瓜分中國，進攻蘇联，以及準備對美帝國主義進行第二次世界大戰，所以最近益發加緊的對於山東的侵略。這次派遣軍艦來青，就是要鞏固他在山東所搶奪的權利，並加強他[illegible]

青島工人加緊
準備紀念四一二的工作

青島信。一九二七年的四月十二日是國民党離開反帝國主義反封建勢力的战線開始屠殺工農壓迫革命的紀念日。青島工人認為這一日是無產階級永遠不能忘記的一天。現在全國工農破產失業，遍地飢荒，時有死亡。幾年來被國民党屠殺的工農兵大眾何止數十百萬。這些都是國民党四一二[illegible]

## 《山东红旗报》（第二十一期）

1931年4月6日
山东博物馆藏

版面16开，刻写、蜡版正反油印。报头：中国共产党山东省委员会机关报《山东红旗报》，第二十一期，1931年4月6日出版（星期一），每期铜元一枚。正面有《加紧准备纪念四一二》一篇文章，背面有《（青岛）五千五百余钟渊纱厂工友打倒工贼一百多人》等文章。

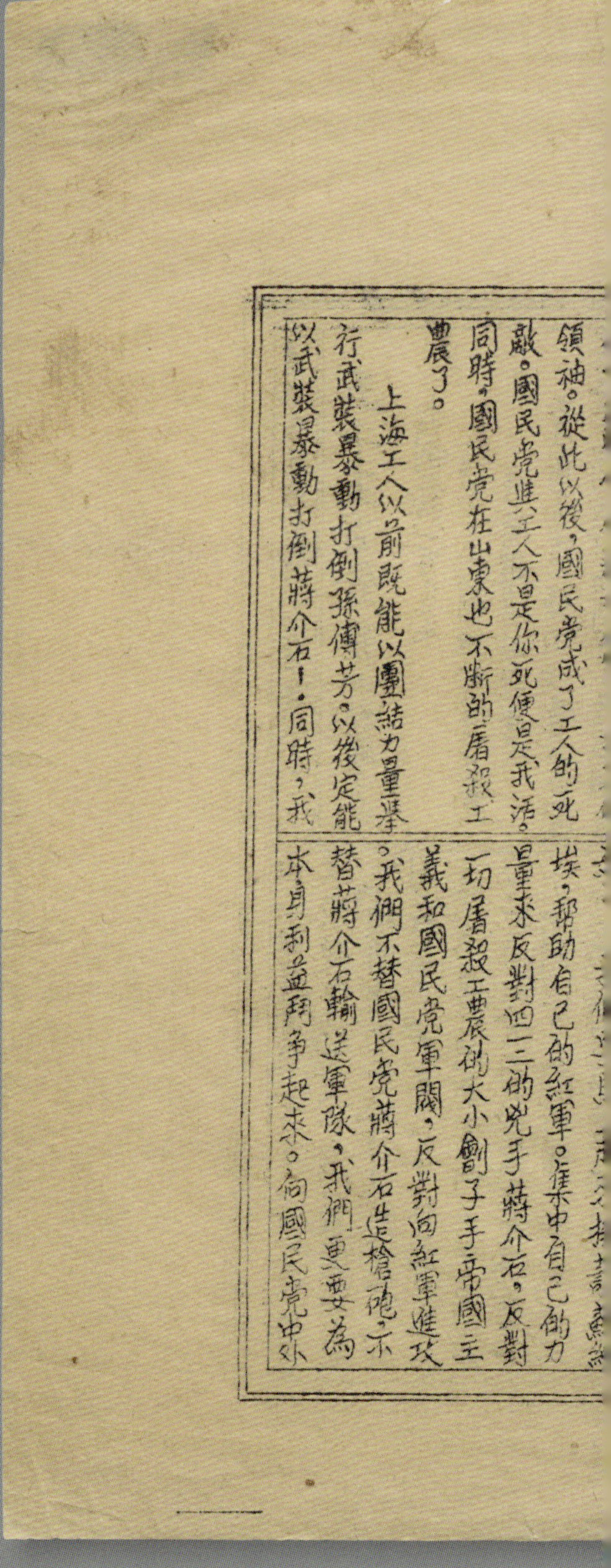
領袖。從此以後，國民黨成了工人的死敵。國民黨進工人不是你死便是我活。同時，國民黨在山東也不斷的屠殺工農了。

上海工人以前既能以團結力量舉行武裝暴動打倒孫傳芳，以後定能以武裝暴動打倒蔣介石！同時，我

埃，幫助自己的紅軍，集中自己的力量來反對四一二的兇手蔣介石，反對一切屠殺工農的大小劊子手帝國主義和國民黨軍閥，反對向紅軍進攻。我們不替國民黨蔣介石造槍砲，不替蔣介石輸送軍隊，我們更要為本身利益鬥爭起來，向國民黨中外

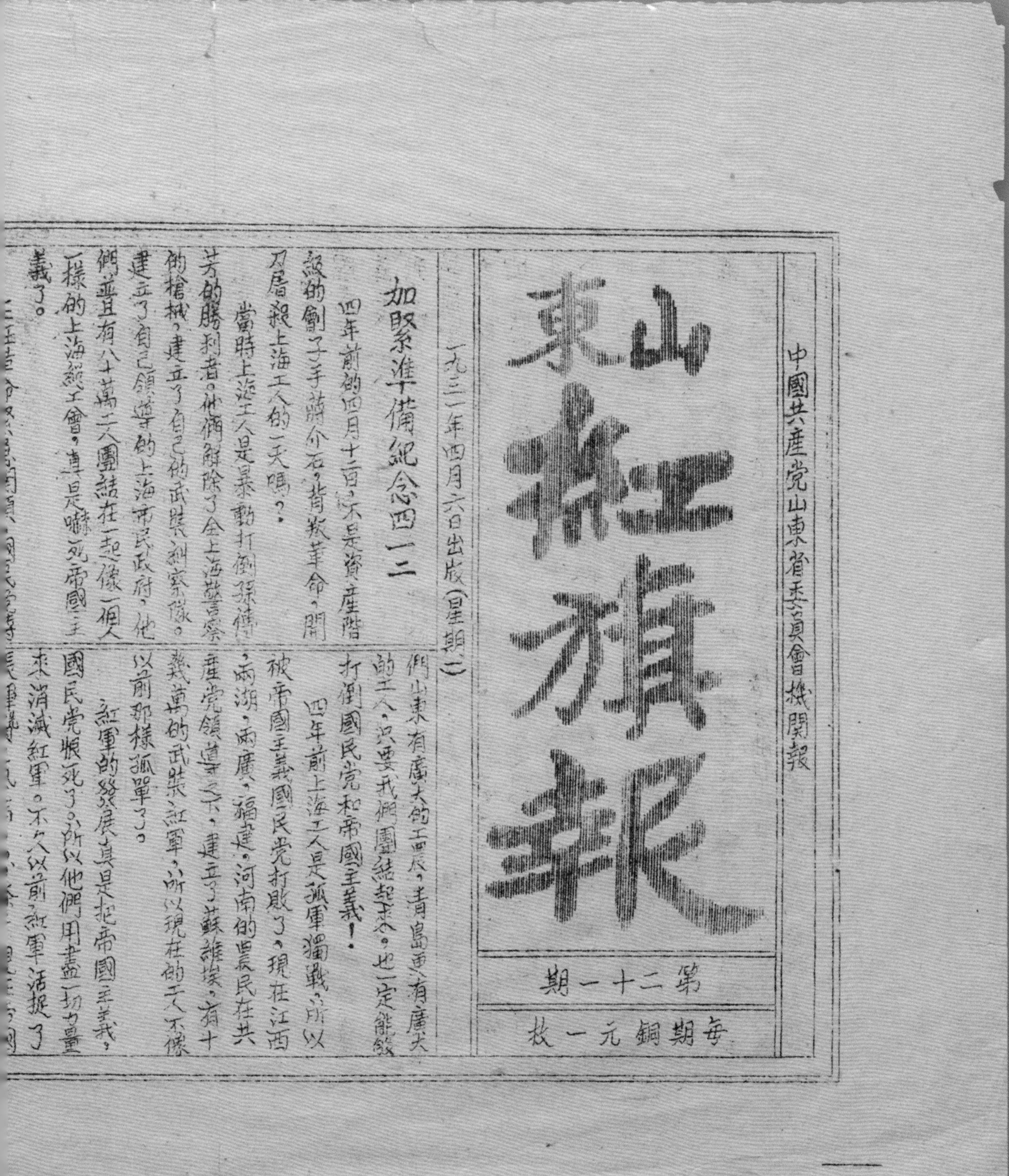

中國共產党山東省委員會機關報

山東紅旗報

第二十一期

每期銅元一枚

一九三一年四月六日出版(星期一)

加緊準備紀念四一二

四年前的四月十二日，不是資產階級的劊子手蔣介石，背叛革命，開刀屠殺上海工人的一天嗎？。

當時上海工人是暴動打倒孫傳芳的勝利者，他們解除了全上海警察的槍械，建立了自己的武裝糾察隊，建立了自己領導的上海市民政府，他們並且有八十萬工人團結在一起像一個人一樣的上海總工會，真是嚇死帝國主義了。

們山東有廣大的工農，青島更有廣大的工人，只要我們團結起來，也一定能夠打倒國民党和帝國主義！

四年前上海工人是孤軍獨戰，所以被帝國主義國民党打敗了，現在江西，兩湖，兩廣，福建，河南的農民在共產党領導之下，建立了蘇維埃，有十幾萬的武裝紅軍，所以現在的工人不像以前那樣孤單了。

紅軍的發展真是把帝國主義，國民党恨死了，所以他們用盡一切力量來消滅紅軍，不久以前紅軍活捉了

山东党组织在不断遭受严重破坏的艰难情况下，仍然坚持领导工人罢工斗争。1929 年 7 月至 11 月，青岛日资工厂工人举行同盟大罢工，参加人数约 2 万人，并形成了 3 次斗争高潮，其规模之大、持续时间之久，在青岛乃至山东都是空前的，史称青岛“民国十八年大罢工”。

青岛工人上街游行

## 牛玉昌

**1907—1977**

字瑞庭，山东青州人。1929 年考入山东省立第四师范学校，在教师、中共党员马适安的影响下，参加革命活动。1931 年 1 月，经马适安、张训荣（张北华）介绍参加中国共产党。在白色恐怖时期坚持党的地下活动，秘密发展共产党的力量。益都暴动失败后，与段亦民、郑心亭、耿贞元等共产党骨干先后被捕，押解济南审讯，由于他当时使用的名字是牛瑞庭，与敌人掌握的名册不符，郑心亭等人又坚持说与他不相识，敌人得不到确凿“罪证”，只好把他当嫌疑犯关押在狱，幸免于难。1937 年，几经营救后，牛玉昌被释放，立即找到党组织，再次投入到抗日战斗中。他一边抗日，一边进行教育活动，开办学校，曾任耀南中学教导主任、益寿县文教科科长等职，为革命培养了一大批干部人才。

## 牛玉昌使用过的中共渤海土地会议翻印的《中央政府关于土地斗争中一些问题的决定》

1933年10月10日
青州市博物馆藏

中共渤海土地会议翻印、1933年10月10日苏维埃中央政府人民委员会通过的《中央政府关于土地斗争中一些问题的决定》，后附1933年10月10日苏维埃中央政府人民委员会批准的《怎样分析阶级（摘录）》。此书封面上所盖朱文印章为“牛瑞庭印”，瑞庭是牛玉昌的字。

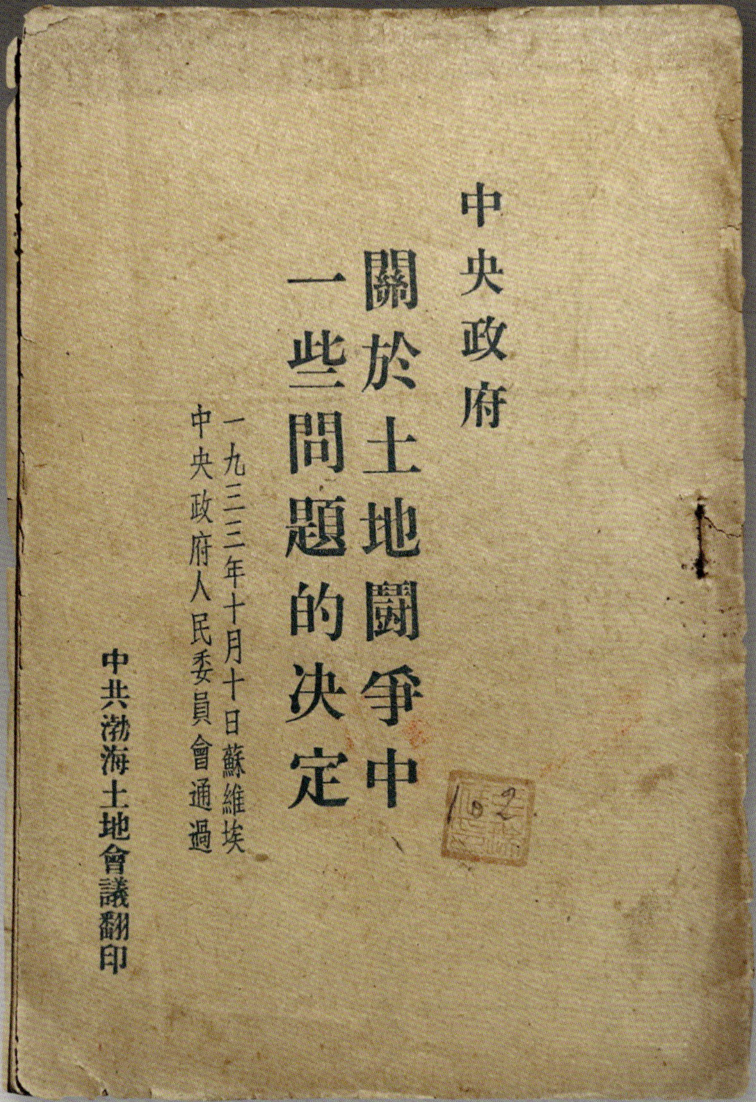

## 《中国革命互济会山东临时省总会为“三八妇女纪念日”宣言》

1931年
青岛市博物馆藏

薄白纸写成，共9页。这是中国革命互济会山东临时省总会在1931年3月8日，为庆祝“三八妇女纪念日”发表宣言，呼吁“全山东被压迫的工人，贫民，学生，妇女群众们”，“加紧团结，与全世界妇女携手，拿出自身的力量，以取得妇女最后的胜利”。

中国革命互济会前身为中国济难会。中国济难会是大革命时期和土地革命战争时期中国共产党领导的群众性救济组织。五卅运动后，为了营救被捕的革命者，并筹款救济他们的家属而决定成立。1925年9月20日，中国济难会在上海召开第一次筹备会。9月30日，筹备委员会召开会议，决定韩觉民、陈望道为总务；会员发展到5000人时，召开正式成立大会；修改简章。10月，中国济难会在上海召开代表大会，到会团体代表和个人80余人。会议决定将筹备委员会改为全国总会临时委员会，并通过发展会员、国际联络、募集经费等八项决议案。江西、广州、长沙、天津、北京等地先后成立了省总会。1927年秋，中国济难会随中共中央机关由武汉迁回上海，被迫转入地下活动。1929年12月，改称中国革命互济会。1930年后，不断遭到国民党当局的镇压和破坏。1932年底，中共中央委派邓中夏重建互济会，逐步恢复组织，工作日益开展。1933年5月，邓中夏被捕后互济会的处境困难，虽然还继续日常的营救工作，但已无重大活动。中共中央迁往苏区后，中国革命互济会逐渐停止活动。

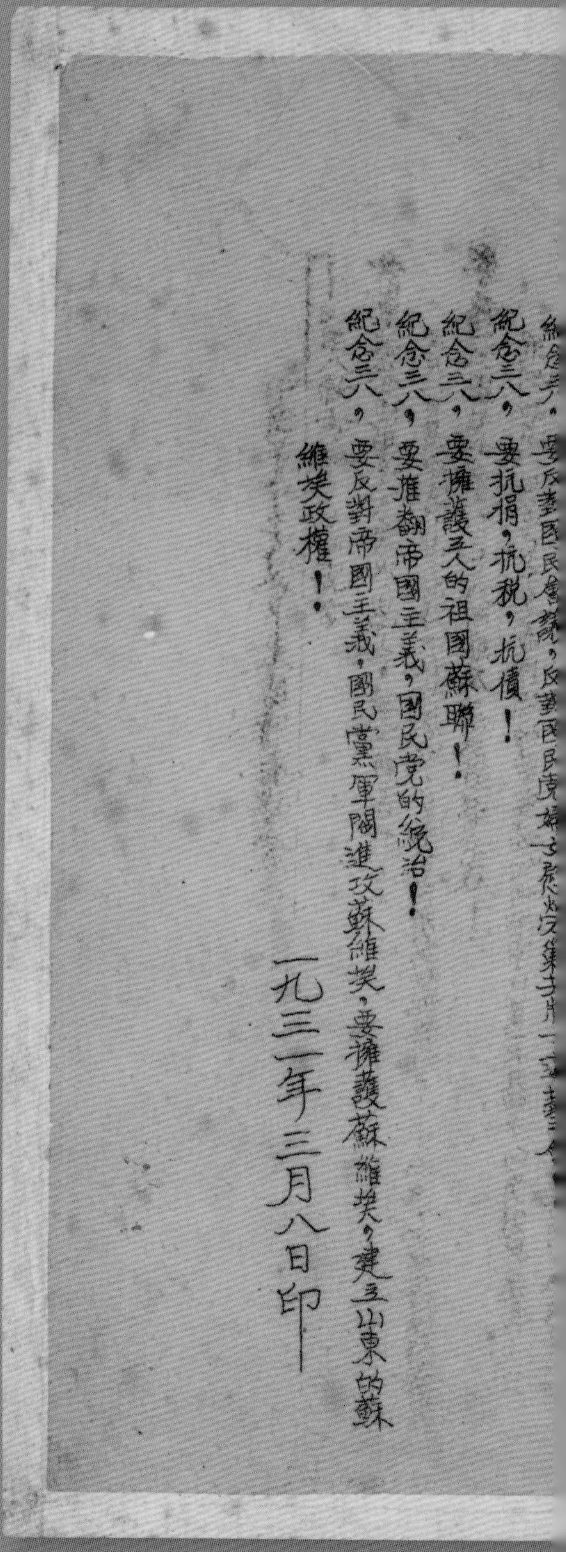
紀念三八，要抗捐，抗稅，抗債！
紀念三八，要擁護工人的祖國蘇聯！
紀念三八，要推翻帝國主義，國民党的統治！
紀念三八，要反對帝國主義，國民黨軍閥進攻蘇維埃，要擁護蘇維埃，建立山東的蘇維埃政權！
一九三一年三月八日印

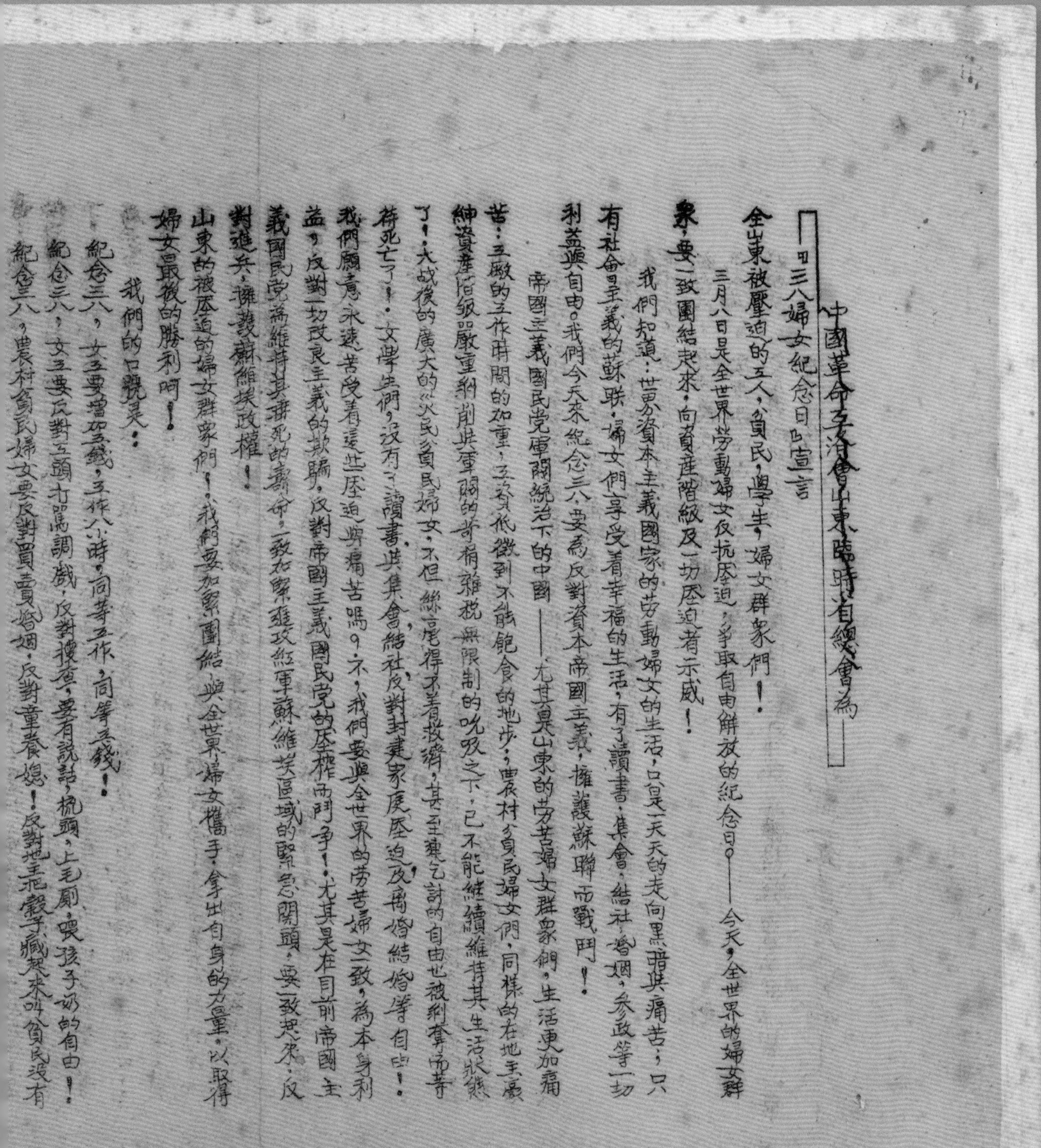

中國革命互濟會山東臨時省總會為「三八」婦女紀念日宣言

全山東被壓迫的工人、貧民、學生、婦女群衆們！

三月八日是全世界勞動婦女反抗壓迫，爭取自由解放的紀念日——今天，全世界的婦女群衆，要一致團結起來，向資產階級及一切壓迫者示威！

我們知道：世界資本主義國家的勞動婦女的生活，只是一天天的走向黑暗與痛苦；只有社會主義的蘇聯，婦女們享受着幸福的生活，有了讀書、集會、結社、婚姻、參政等一切利益與自由。我們今天來紀念三八，要為反對資本帝國主義，擁護蘇聯而戰鬥！

帝國主義國民党軍閥統治下的中國——尤其是山東的勞苦婦女群衆們，生活更加痛苦：工廠的工作時間的加重，工資低微到不能飽食的地步；農村貧民婦女們，同樣的在地主豪紳資產階級嚴重剝削與軍閥的苛捐雜稅無限制的吮吸之下，已不能繼續維持其生活狀態了！大戰後的廣大的災民貧民婦女，不但絲毫得不着救濟，甚至要乞討的自由也被剝奪而等待死亡了！女學生們，沒有了讀書與集會結社反對封建家庭壓迫及離婚結婚等自由！我們願意永遠苦受着這些壓迫與痛苦嗎？不，我們要與全世界的勞苦婦女一致，為本身利益，反對一切改良主義的欺騙，反對帝國主義國民党的壓榨而鬥爭！尤其是在目前帝國主義國民党為維持其垂死的壽命，一致加緊進攻紅軍蘇維埃區域的緊急關頭，要一致起來，反對進兵，擁護蘇維埃政權！

山東的被壓迫的婦女群衆們！我們要加緊團結，與全世界婦女攜手，拿出自身的力量，以取得婦女最後的勝利啊！

我們的口號是：

紀念三八，女工要增加工錢，工作八小時，同等工作，同等工錢！

紀念三八，女工要反對工頭打罵調戲，反對搜查，要有說話，梳頭，上毛厕，喂孩子奶的自由！

紀念三八，農村貧民婦女要反對買賣婚姻，反對童養媳！反對地主把穀子藏起來叫貧民沒有

## 黎玉

1906—1986

山西崞县人。1926 年加入中国共产党。1933 年 4 月起任中共唐山市委书记，曾领导震惊中外的开滦五矿总同盟 3 万余人反帝大罢工。全面抗战爆发后，黎玉负责组织发动山东各地的抗日武装起义，并亲自领导了徂徕山起义。1938 年后历任中共中央山东分局委员、八路军山东纵队政委、山东省战时工作推行委员会主任等职，参与领导创建山东抗日根据地。1945 年起黎玉任山东省政府主席、中共中央华东局第二副书记等职，协助陈毅等领导军民保卫山东解放区，粉碎国民党军的重点进攻。中华人民共和国成立后，黎玉任中共上海市委委员兼秘书长、华东军政委员会委员等职。

## 黎玉在濮县徐庄开展革命活动使用的石砚

1935年
冀鲁豫边区革命纪念馆藏

石质砚台，是1935年时任河北省委巡视代表兼直南特委书记的黎玉在濮县徐庄发动群众，开展革命活动时使用的。黎玉是山东抗日根据地的主要创始人和领导人之一，为重建中共山东省委，发展壮大山东党的力量，坚持敌后游击战争，作出重要贡献。

## 谭克平

**1906—1942**

原名谭庆信，字应民，亦名柯平。山东博山人。1923 年考入山东省立第一师范学校，1925 年加入中国共产党，同年参加北伐军，1927 年参加八一南昌起义。1928 年后，谭克平来往于济南淄博之间，把老家当成联络点，开展党的地下工作。为了躲避国民党对共产党员的大搜捕，父母托人为他办好了去法国的护照，并将地卖掉给他作路费。但他把钱带到济南作了活动经费，继续坚持党的地下工作。后不幸被捕入狱。面对敌人的威逼利诱，始终未暴露身份，仅被敌人以“政治嫌疑犯”罪名判处九年半徒刑。1933 年 7 月经组织营救出狱，担任《山东日报》湖光副刊主编。

1937 年谭克平回博山组建抗日游击队，后任泰（安）、莱（芜）、历（城）、章（丘）4 县边区联合办事处主任。1939 年 9 月任莱县抗日民主政府县长，被评为模范县长。1941 年任鲁中区抗日根据地民政处副处长。1942 年 11 月到马鞍山视察工作，被日、伪军包围。他与 6 名同志坚守南天门战斗一天一夜。当日军派飞机轰炸马鞍山时，不幸中弹牺牲。

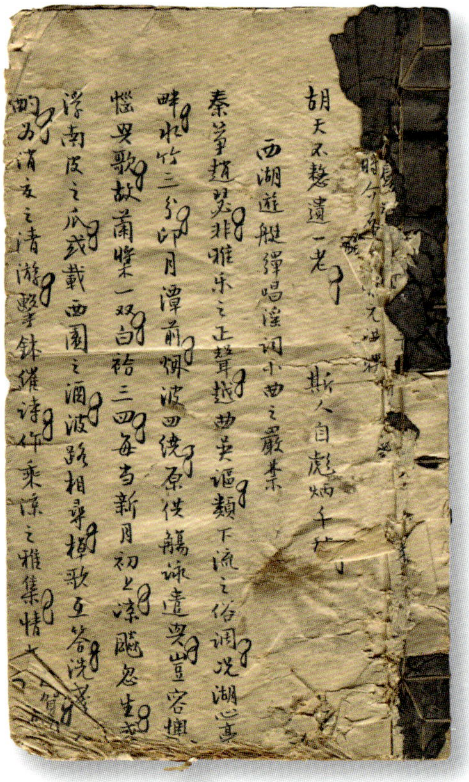

### 谭克平的手稿

1935年
淄博市博物馆藏

手稿共27页。内容包括《吴宗濂致王外长正廷书》等。

世業中原大業完成一統 大名垂宇宙

書脂佳節英名並式千秋 江蘇省府 浩氣壯山河

中華民國十七年十月十日國慶令節為本黨統一中國之年

維大業之完成彌深傷逝之迴溯國民政府謹獻誠含哀

於我先烈之靈爽日在昔清政不綱元元顛沛我總理乃

志士振導革命先烈服膺主義戮力奔赴於是有武昌之

役挑銳披堅搴旗斬將江夏金陵之役視死如歸於是遂

民國袁氏肆虐不務政本專制流毒共和幾殆我總理於

護國之役命將出師馳驅江表汗大號扶持正義袁

[illegible]

## 郑耀南

1908—1946

字盛宸，号耀南，山东掖县（今莱州市）人。1925 年秋，考入山东省立第九中学。1927 年底，因组织领导学生举行反帝、抵制日货的游行示威，受到学校处分，愤然离校回家。1928 年加入中国共产党。1930 年秋，当选为中共掖县第一任书记。1933 年夏因叛徒出卖，郑耀南被迫转移至北京，先后任北京弘达中学党小组长、掖县同乡会党支部书记、吉鸿昌领导的察绥民众抗日同盟军秘书及参谋等职。同盟军失败后辗转至龙口为商，任掖、招、黄三县硝磺局局长。是年冬，为避免敌人搜捕，再次出走东北，在吉林省延吉县中学任教，以教师、医生、画师等身份为掩护从事革命活动。1936 年秋回到烟台，任胶东特委教育宣传委员兼党刊编辑主任。七七事变后郑耀南回到掖县。1938 年 3 月，组织领导玉皇顶抗日武装起义，建立山东第一个抗日民主政权——掖县县政府。随后，蓬莱、黄县相继成立了抗日民主政府。1938 年 8 月，为统一领导掖县、蓬莱、黄县的抗日民主政府，成立了北海行政督察专员公署，标志着山东第一个抗日根据地——蓬黄掖根据地的基本形成，后来发展成为包括潍坊、昌邑以东，诸城、五莲以北至半岛沿海的广大地区的胶东革命根据地。

郑耀南在东北化装成医生时使用的手术剪

1931年
山东博物馆藏

郑耀南做地下工作化装成画师时使用的调色盒

1931年
山东博物馆藏

## 金谷兰

**1904—1938**

字贮溪，山东高唐人。山东基层党组织和农民武装的创建者，革命烈士。1925 年，毕业于聊城省立第三师范。1926 年加入中国共产党。曾奉党的指示，加入以除暴安良为宗旨的农民组织“红门”，拜师学艺，传播革命思想，发展党员 30 多人，创建了高唐县第一个党支部，并将“红门”改为“红团”，使其成为党领导下的农民武装。而后在高唐、恩县、夏津、武城一带，创建党的基层组织，发动农民武装斗争。1938 年 2 月 5 日下午，他代表范筑先将军去金郝庄收编当地武装盛绪亭部时，被匪徒詹化堂等枪杀，年仅 34 岁。

## 金谷兰使用过的皮箱子

1930年
山东博物馆藏

## 李相韩

1894—1970

原名李世忠，山东博兴人，高小毕业后担任教师。1931 年经李天佑介绍加入了中国共产党，为便于从事党的活动，改名李景房，是博兴县早期共产党员之一。1932 年 8 月，“八四”农民武装暴动失败后，暴动组织者李相韩被国民党四处张贴布告捉拿。党组织安排李相韩和李天佑寻找上级党组织、汇报博兴党组织被破坏的情况。1938 年李相韩随同由八路军山东纵队八支队特务二大队（博兴抗日人民志愿军改编）转战南北，经历了青陀寺、五井等多次战斗，负伤三次，重伤一次。解放战争时期，李相韩历任博兴县参议会秘书、胶济铁路管理局秘书等职。中华人民共和国成立后，由于身体原因，李相韩无法从事繁重的工作，组织安排其先后任渤海区图书馆主任、淄博专区文化馆馆长、淄博市烈士子女小学校长等职，后到淄博市图书馆工作。1970 年 8 月病逝。

## 李相韩用方形石砚

民国时期
博兴县博物馆藏

石质砚台，方形，内有圆形凹槽。

1932 年 8 月 4 日，由山东省委直接领导的博兴武装暴动在兴福镇和高家渡村同时爆发。

博兴兴福“联庄会”暴动旧址（位于山东省滨州市博兴县高渡村）

## 李枚青

**1914—1943**

原名李美庆，山东新泰人。1929 年从新泰县师范讲习所转入山东省立第一师范学校。1931 年 6 月加入中国共产党。1933 年 2 月，在济南新东门外被捕入狱。狱中坚贞不屈，出狱后恢复了组织关系，并担任了中共新泰县工委委员。1938 年 1 月，李枚青带领 20 余人赶到徂徕山，加入八路军山东抗日济南队四支队。同年 11 月，建立新泰县独立营，任独立营政委。12 月泰山特委成立，新泰县独立营编入泰山特委第一大队，他任大队政治处主任。后调任八路军山东纵队四支队后方司令部政治部主任、鲁中军区第一分区政治部主任、鲁中区党委地委敌工部部长等职。1943 年 8 月 13 日，他从莱北县委驻地出发到地委开会，途中遭敌伏击牺牲，年仅 29 岁。1963 年，党和政府将李枚青烈士遗骨迁葬到泰山脚下的烈士陵园。

## 李枚青在国民党狱中用过的商务印书馆发行的字典

1933年

中共山东早期历史纪念馆藏

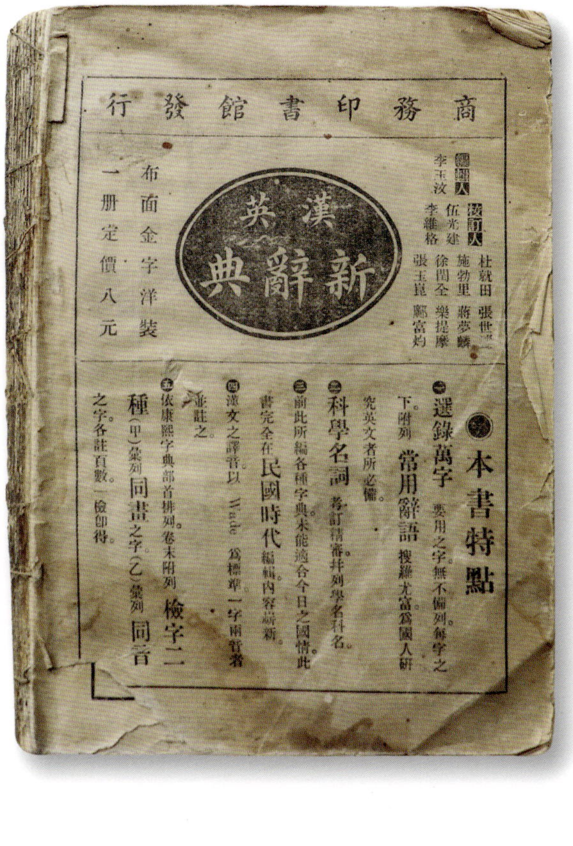


字典约800页。1933—1937年，李枚青因叛徒告密被捕入狱。他在国民党狱中始终未承认党员身份，积极参加绝食斗争取得胜利。以革命大无畏精神将监狱当作休养所和学校，增长对敌斗争才干，坚定共产主义事业信念。这份字典见证了李枚青在狱中积极参加狱内斗争，争取读书权利，坚决同敌人做斗争的革命经历。

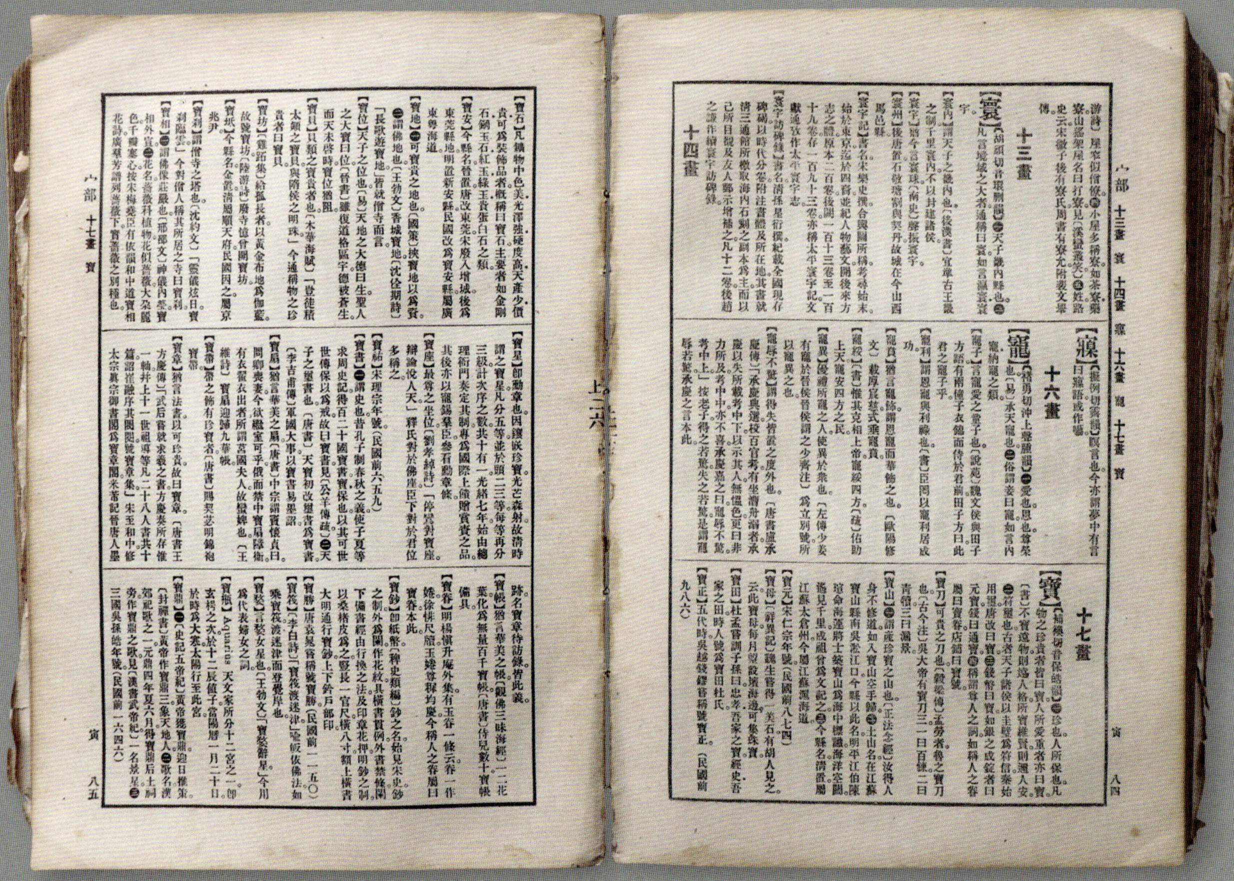
十三畫
十四畫
十六畫
十七畫

## 刘晏春

1903—1971

河南濮阳人，青年时代投身革命事业，在山东、河南、河北等地长期积极从事党的地下革命工作。1936年4月，上级党委派刘晏春、黎玉到山东恢复党组织，并将濮县、范县、观城划归山东领导。经北方局同意，山东省委建立了鲁西北特委，刘晏春任特委书记，直接领导寿张县省立第八乡村师范学校党的工作。1936年10月，刘晏春任山东省委委员、组织部部长兼鲁西特委书记并领导鲁西北特工委和鲁西南的工作。

## 中共河北省委奖励给刘晏春的怀表

1935年
冀鲁豫边区革命纪念馆藏

此怀表为铜铁质。

1935年冬，刘晏春和河北省委代表、直鲁豫边区特委书记黎玉领导了濮县徐庄、温庄党支部的两次抢粮斗争。刘晏春因领导抢麦抢秋和游击战争的胜利，被河北省委奖励了怀表和手电筒等物品。

## 于子元在鲁西南地区开辟党的工作作掩护时使用的烟锯

1936年
冀鲁豫边区革命纪念馆藏

此烟锯由木、棉麻纤维、铁质组成，是于子元到鲁西南地区开辟党的工作时掩护身份用的。

于子元，1911年生，山东范县人，鲁西南党组织的奠基人之一。1932年3月加入中国共产党。1936年10月，于子元受中共直南特委的派遣，赴鲁西南开展工作。于子元来到菏泽、曹县、东明交界处，发展了程力夫、龚献亭等一批青年入党，建立了党的组织，开始了轰轰烈烈的农运工作，曾任考城县县长、冀鲁豫支队四大队队长、中共鲁西南地委民运部部长、菏泽县动委会主任及县大队队长、冀鲁豫军区第三办事处主任等职务。1948年1月，根据上级党组织的安排调离鲁西南。

## 陈义厚

1899—1935

字慈仁，山东成武人。青年时期入山东省立第六中学学习，后考入北平医学专门学校。毕业后参加冯玉祥部队，曾在鹿仲麟处任军医官。1930 年中原大战西北军战败，残部于 1931 年被蒋介石编为第二十九路军，奉命由山东开赴江西宁都“围剿”红军。所在部队 1931 年 12 月 14 日起义被编为红军第一方面军第五军团，陈义厚任红五军团军医处处长。1932 年军医处改为卫生部，其任部长。同年加入中国共产党。1933 年春率红五军团卫生部全体指战员参加第四次反“围剿”战场救护，为抢救伤员作出重要贡献。1933 年 8 月任红军卫生学校校长，带领全校师生自编自印讲义教材，搜集、制作各种标本、模型和挂图，先后建立图书室、模型室、试验室，编写《诊疗手册》《药物学》《处方学》等书，创办《红色卫生》杂志，至红军长征前夕，卫生学校共培养医护人员 686 名，为红军各部队补充了卫生技术力量，卫生学校附属医院成为中央苏区医疗技术水平最高的医院。1934 年 10 月中央红军长征时，陈义厚留中央苏区负责卫生部，管理 8000 多名伤病员。1935 年春在指挥部队转移时遭敌机轰炸，壮烈牺牲。

## 陈义厚使用的“时最美”提梁铁灯

20世纪30年代
成武县烈士陵园藏

陈义厚在革命时期使用过的“时最美”提梁铁灯，为陈义厚后人捐赠。

## 高唐农民反盐巡自卫运动中使用的铁枪头

1928年
聊城中国运河文化博物馆藏

枪头为铁质，柄为铜质，接口呈多菱形，上面饰有圆形纹饰，柄上纹饰为凸弦纹。

## 史文彬

1887—1942

山东淄博人，1921 年 7 月加入中国共产党，是北京长辛店铁路机厂的第一名中共党员。五四运动爆发后，史文彬组织长辛店铁路机厂数百名工人上街游行示威，支持爱国学生的正义斗争。1923 年 2 月 1 日，京汉铁路总工会成立，史文彬被选为京汉铁路总工会副委员长，并被推选为罢工委员会副委员长。二七惨案发生后，史文彬等 11 位工会领导人在长辛店被捕，后经组织营救获释出狱。大革命失败后，在武汉转入地下工作。1928 年 6 月，中共六大上，被选为候补中央委员，后到河南主持中共河南省委的工作。同年 11 月，出席第五次全国劳动大会，被选为中华全国总工会执行委员。1942 年冬病故。后被追认为革命烈士。

## 史文彬烈士遗像

1931年
淄博市博物馆藏

史文彬生前所照。

## 安哲

1906—1934

原名安丰铎，字建亭，山东日照人。1921年春，考入济南山东省立第一中学。1925年8月，安哲结识了在齐鲁大学读书的日照同乡、共产党员丁君羊（后脱党），经他介绍与中共山东地方执委会书记邓恩铭相识。在他们的启发帮助下，安哲阅读了《共产党宣言》《新青年》等大量进步书刊，思想觉悟大大提高，于1926年春由丁君羊介绍加入了中国共产党。1926年北伐军攻克武汉后，安哲受山东党组织委派到武汉支援北伐战争。到武汉后考入中央军事政治学校，与军校官兵一起参加过讨伐夏斗寅、保卫武汉的战斗。8月，在党组织安排下返回山东，被分配到济南任省委巡视员。1928年春，安哲奉省委命回到日照，建立、发展壮大日照县基层党组织，并任县委书记。1932年10月13日，在省委指示下安哲指挥发动了日照暴动，暴动失败后转移至大连。1933年4月，安哲化名王德海，担任中共奉天特委宣传部部长，开展工人运动，动员广大群众参加义勇军和建立反日同盟会等组织。其间他还主办了特委机关刊物《工人之路》，宣传和发动工农群众反对侵略和压迫。6月23日，因叛徒出卖，安哲被日本宪兵逮捕，在敌人的严刑逼供下，安哲丝毫没有吐露党的机密，与敌人进行坚强斗争。在敌人残酷折磨下，安哲患上肺病，于1934年冬牺牲在奉天监狱，时年28岁。

日照暴动领导人安哲（安建亭）在暴动前夕所照照片

1932年
山东博物馆藏

1932年，日照县农民运动蓬勃发展，为配合中央苏区粉碎敌人第四次反革命“围剿”，在中共山东省委指示下，中共日照中心县委迅速组织力量，举行武装暴动。10月13日晚，在安哲、陈雷等人指挥下，南北两路农民暴动同时爆发，暴动队伍涌入地主宅院，解除地主武装。日照暴动历经13天，经历大小战斗30多次，是当时山东省内规模最大的一次农民暴动。但终因敌我力量悬殊失败。暴动打击了国民党反动统治，扩大了党的影响。

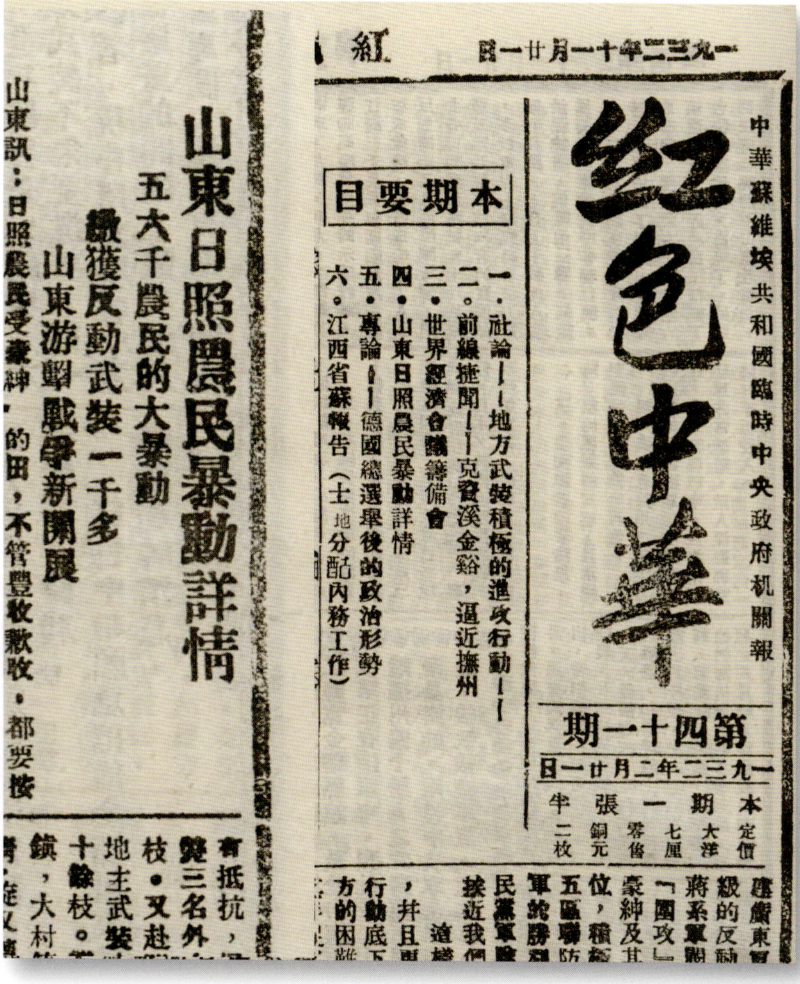
中華蘇維埃共和國臨時中央政府机關報

紅色中華

第四十一期

一九三二年十二月廿一日

本期一張半

定價 大洋七厘 零售 銅元二枚

本期要目

一．社論——地方武裝積極的進攻行動——

二．前線捷聞——克復溪金谿，逼近撫州

三．世界經濟會議籌備會

四．山東日照農民暴動詳情

五．專論——德國總選舉後的政治形勢

六．江西省蘇報告（土地分配內務工作）

山東日照農民暴動詳情

五六千農民的大暴動

繳獲反動武裝一千多

山東游擊戰爭新開展

山東訊：日照農民受豪紳的田，不管豐收歉收，都要按

中华苏维埃临时中央政府机关报《红色中华》对日照暴动的专题报道

## 苍山暴动中芦作村村民马玉堂使用的单刀

1933年
山东博物馆藏

此刀为苍山暴动中芦作村村民马玉堂使用的单刀。

1933年4月，中共临郯县委书记刘之言及委员马叙卿、刘谐和在临沂尚岩开会，决定以苍山为中心举行暴动。暴动计划获得了中共山东省委的批准。7月2日，因消息走漏，党员凌云志等率暴动群众提前行动收缴了地主的枪支，分了地主的粮食，暴动队伍很快发展到200余人。但暴动队伍去苍山会师途中被打散。县委书记刘之言得知郯（城）马（头）方面提前暴动的消息后，于6日在苍山发动了暴动。暴动队伍有200余人、百余支枪，队伍定名为“中国工农红军鲁南游击总队”，县委军事部部长郭云舫任司令，刘之言任政委。暴动队伍占领了苍山及其附近村庄，镇压了恶霸地主，没收了地主粮食。7、8两日，暴动队伍打退反动民团的多次进攻。9日，受到国民党军八十一师唐邦植旅围攻，暴动队伍被打散，刘之言、郭云舫、刘文漪等10余人在战斗中牺牲。苍山暴动失败。

## 苍山暴动领导人徐腾蛟使用过的文件包

1933年
沂蒙革命纪念馆藏

棉布材质。此文件包是苍山暴动领导者、共产党员徐腾蛟烈士使用过的。

1933年7月，中共临郯县委领导和发动了苍山暴动，打响了中国共产党在鲁南地区武装反抗国民党反动统治的第一枪。因力量悬殊，暴动最终失败了，然而暴动建立了兰陵县历史上的第一个红色政权，在广大民众中播下了革命的火种，为后来鲁南抗日根据地的建立和发展奠定了基础。

## 刘冠德参加“掐谷穗”斗争用过的铁铲

1928年
东营市历史博物馆藏

铁质。1928年秋，中共广饶特支决定利用秋收时机组织一次针对大财主刘芝璞、延春林的“掐谷穗”斗争。这件铁铲是刘集村党员刘冠德参加此次“掐谷穗”斗争用过的。由于这是广饶县党组织初次领导较大规模的农民革命斗争，事先计划不够周全，事后又没有根据事态发展采取相应措施，所以部分群众因为害怕顾忌，将谷穗又返还给了地主。

高唐县谷官屯起义发生在1928年5月，由中共山东鲁北特委发动。早在国民大革命期间，中共鲁北县委在高唐、夏津一带开展农运工作，发展党团组织，建立了中共高唐县谷官屯党支部。党支部成立后，即对当地的群众组织“红枪会”进行了改造工作，将“红枪会”改名为“红团”。1928年春，在中共谷官屯党支部领导下，提出了“抗捐抗税”“打倒土豪劣绅”等口号，开展了减租减息、镇压土豪劣绅的斗争。鲁北县委根据中共山东省委的指示，将“红团”改为农民协会，并建立了高唐农民自卫团。1928年4月，中共鲁北县委抓紧利用军阀张宗昌的军队北撤、蒋介石的军队尚未到来之机，组织鲁北农民起义。1928年4月28日，鲁北县委改为鲁北特委，李春荣任书记，李宗鲁、李剑池、金谷兰等为委员，特委机关设在谷官屯，并决定摧毁高唐县的反动势力，建立工农革命根据地。1928年5月4日中共鲁北县委组织农民自卫团举行起义。由于计划泄露，5月4日凌晨，李长兴、李彩题带领配有马队的近千名军警和土匪，包围了自卫团总部所在地谷官屯，发起突然袭击。正在开会的特委书记李春荣、自卫团长金谷兰、副团长姜占甲等主要领导人分头突围。金谷兰率大部分起义队伍保卫特委所在地，姜占甲带一小队人到谷官屯东栅栏阻击敌人。自卫团战士用红缨枪、大刀、铁蒺藜锤和少量步枪毙伤敌几十人。但由于敌众我寡，加之自卫团员没有全部集中起来，未能有效地反击敌人，致使自卫团总部、特委所在地和金谷兰的住宅等被敌人烧毁。突围中，李春荣、姜占甲等16人牺牲，金谷兰带领大部分群众冲出包围，后率部分人员转入地下斗争。

谷官屯暴动作为土地革命战争时期山东全省武装起义的重要组成部分，在鲁西北播下了武装斗争的火种，扩大了中国共产党在鲁西北的影响。

## 红团团员在谷官屯暴动中使用的红缨枪

1928年
冀鲁豫边区革命纪念馆藏

此红缨枪为铁质枪头。1928年5月“红团”团员参加谷官屯暴动时使用过的红缨枪。谷官屯暴动作为土地革命战争时期全国武装起义的重要组成部分，打击了封建统治势力，唤醒了群众，在鲁西北播下了武装斗争的火种，扩大了中国共产党在鲁西北的影响。

高唐谷官屯“红团”团部旧址

## 刘金水在高唐县谷官屯暴动中使用的匕首

1928年
冀鲁豫边区革命纪念馆藏

铁质匕首，为1928年刘金水参加谷官屯暴动时用过的武器。

## 王冠水在高唐县谷官屯暴动中使用的铁蒺藜锤

1928年
冀鲁豫边区革命纪念馆藏

木柄，带铁蒺藜锤头。铁蒺藜锤是当地“红团”团员为准备暴动铸造的武器。

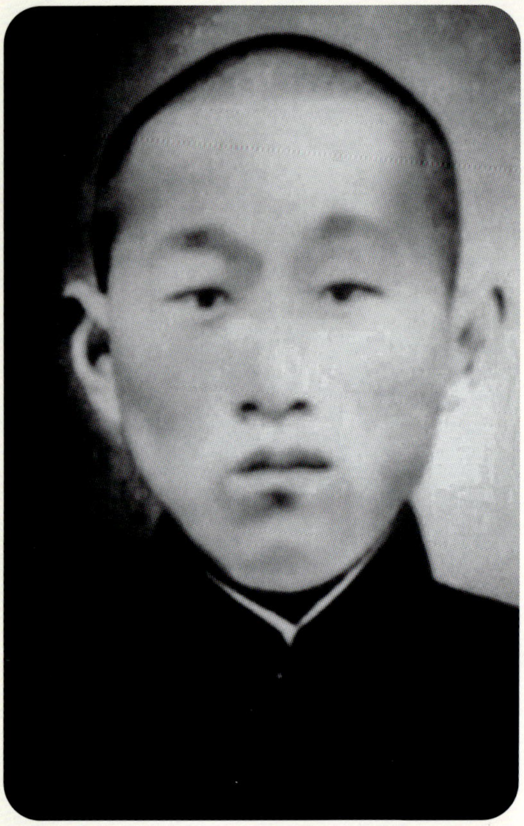

## 赵以政

1904—1928

字存礼，革命烈士。聊城东昌府区人。1925年考入黄埔军校，与校内国民党右翼分子进行斗争，并动员十多名亲友投入革命。1926年，被分配到北伐军第三路军，任排长、工兵连连长等职。在北伐途中，他加入中国共产党。1927年秋，受中央军委派遣，以军事特派员身份由武汉回到聊城，发展基层党组织，组织农民协会，开展抗捐抗租抗高利贷的斗争。1927年10月，中共鲁西县委成立，赵以政任县委委员，县委机关就设在他家里。这年冬，他和聂子政领导了坡里暴动，暴动失败后，赵以政任中共鲁西县委代理书记。1928年6月8日被捕，誓死不屈。6月19日，赵以政在聊城南门外桥头被国民党杀害。

## 坡里暴动领导人赵以政戴过的帽子

1927年
山东博物馆藏

黑色，棉布制。表面绣有菱形花纹。帽檐两边有缎带用于穿戴时固定。

## 坡里暴动领导人赵以政保存学习过的《新学会刊》

20世纪20年代
聊城中国运河文化博物馆藏

赵以政烈士生前曾保存、学习的书。

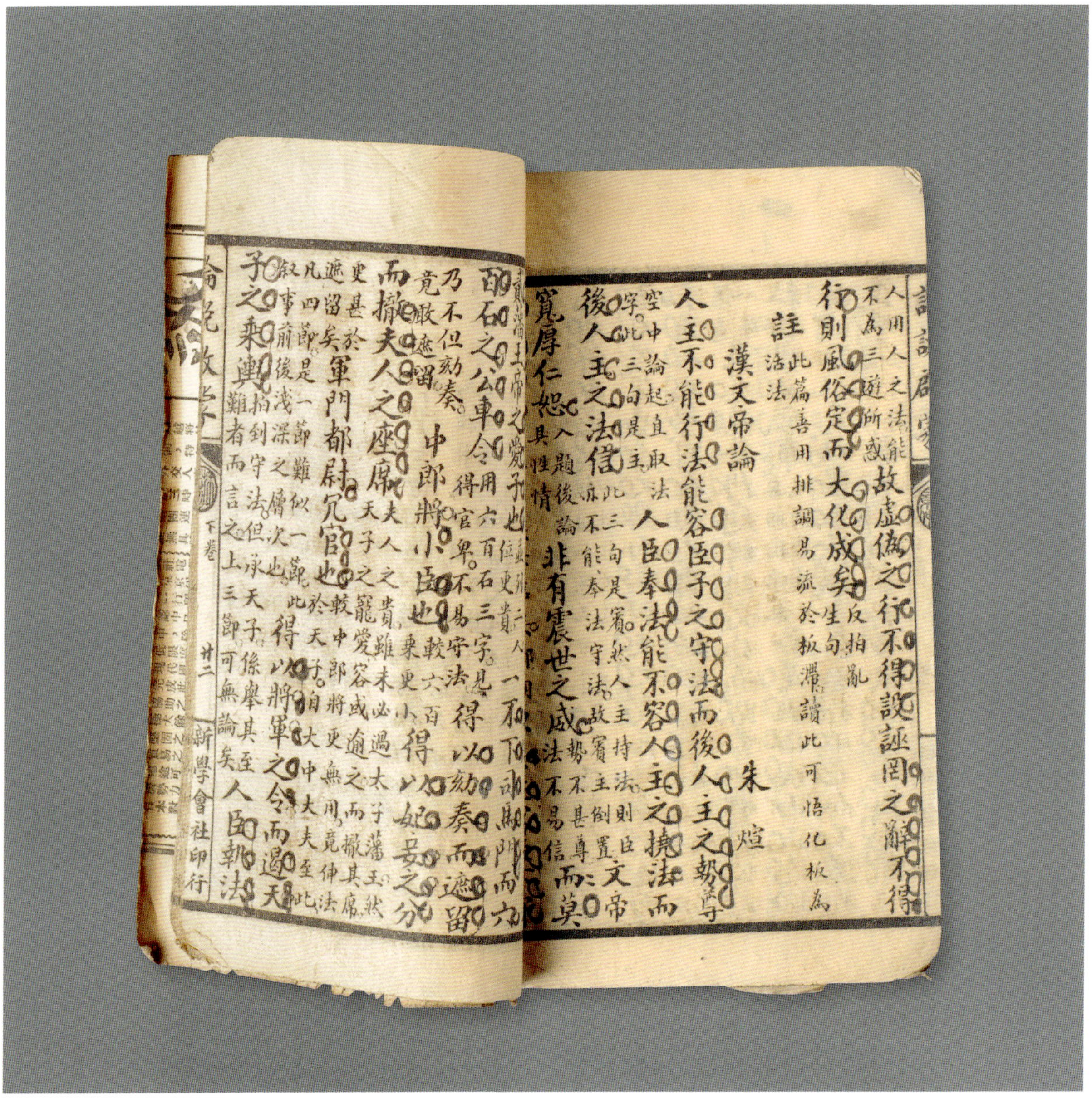

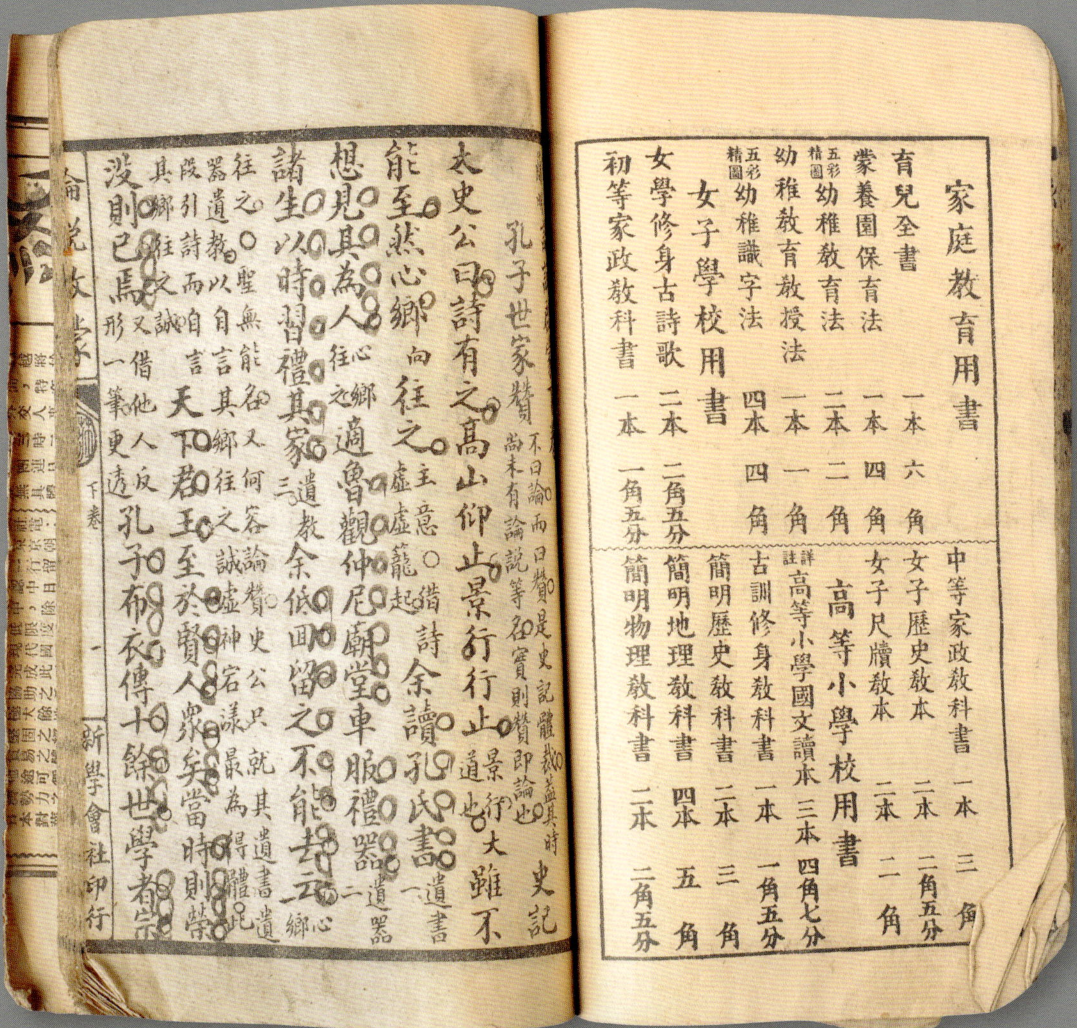
家庭教育用書
育兒全書 一本 六角
蒙養園保育法 一本 四角
五彩精圖幼稚教育法 二本 二角
幼稚教育教授法 一本 一角
五彩精圖幼稚識字法 四本 四角
女子學校用書
女學修身古詩歌 二本 二角五分
初等家政教科書 一本 一角五分
中等家政教科書 一本 三角
女子歷史教本 二本 二角五分
女子尺牘教本 二本 二角
高等小學校用書
詳註高等小學國文讀本 三本 四角七分
古訓修身教科書 一本 一角五分
簡明歷史教科書 二本 三角
簡明地理教科書 四本 五角
簡明物理教科書 二本 二角五分
論說文
下卷
新學會社印行

1927 年 11 月，中共鲁西县委在阳谷郭店屯一带组织农民协会和武装力量，计划举行农民武装起义，占领被帝国主义分子盘踞的大地主庄园——坡里德国天主教堂，作为工农革命政权根据地。1928 年 1 月 14 日晚，武装力量一举占领了坡里教堂，成立了鲁西北第一个工农革命政权——东临第五革命委员会，建立了第一批工农革命武装——农民自卫军。20 多天后，在反动军队和封建地主武装的血腥镇压下，这次农民武装起义宣告失败。

暴动中攻占的坡里教堂旧址

## 坡里暴动中阳谷县村民使用的大刀

1928年
冀鲁豫边区革命纪念馆藏

此大刀为木柄、铁质。

坡里暴动是中国共产党领导的山东省最早的一次农民革命，打响了鲁西大地武装起义、反抗反动封建军阀统治的第一枪。该藏品是阳谷县九都杨村村民参加坡里暴动时用的大刀。

## 滑县盐农暴动使用的红缨枪头

1932年
冀鲁豫边区革命纪念馆藏

此红缨枪头为铁质。

地处黄河故道的濮阳、滑县、内黄三县，中华人民共和国成立前土地多为盐碱地，许多农民靠晒硝盐为生，与推销海盐的天津长芦盐业公司产生矛盾。该公司自恃有官府背景，不允许盐民制盐卖盐，双方经常发生械斗。

1931年底，以濮阳中心县委书记王从吾、大名中心县委书记高克林为主，成立了盐民斗争总指挥部，发动群众与盐巡开展斗争，保护群众切身利益。1932年春，在濮阳中心县委领导下，内黄硝河坡盐碱18村、濮阳西水坡、滑县齐继坡等地相继成立盐民自己的工会组织，号召盐民团结起来，与盐巡进行坚决斗争。6月16日，滑县盐农工会1万多名盐民，手持大刀、长矛、步枪、土炮，高举盐农工会大旗，在聂真、胡敬一、刘超德等领导下，举行武装暴动，连续砸毁12个区盐务局后，兵分三路直捣滑县盐巡的指挥部——道口镇硝磺局，硝磺局人员闻讯逃走。国民党滑县县长谢随安在盐农武装震慑下，被迫答应盐农工会提出的条件，滑县盐农靠自己的斗争争取到了以硝盐谋生的权利。

1935 年 11 月 29 日（农历十一月初四），中共胶东特委发动了大规模的武装暴动，即胶东“一一·四”暴动。

暴动西路队伍会师地——松椒村（位于山东省烟台市牟平区王格庄镇）

## 张修己

**1908—1986**

又名铁夫，山东文登人。1934 年加入中国共产党。1935 年 9 月后，曾任中共胶东特委巡视员，组织胶东地区“一一·四”武装暴动，并就任第二大队政委、中共文登县委书记。全面抗战爆发后，领导了天福山起义，就任山东人民抗日救国军第三军军械部部长、中共胶东区党委保卫局局长兼军法处处长、区党委民运部部长、胶东参议会副参议长等。1936 年中共胶东临时特委书记理琪在文登县沟于家村中共文登临时县委书记张修己家中暂住时，国民党政府要在各村驻守军队。张修己护送理琪到威海暂避。后由于无法获知沟于家村的情况，具有长期地下工作经验的理琪为防不测，转移到济南，随后给张修己写信询问局势。张修己写此密信回复，请其速回沟于家村。

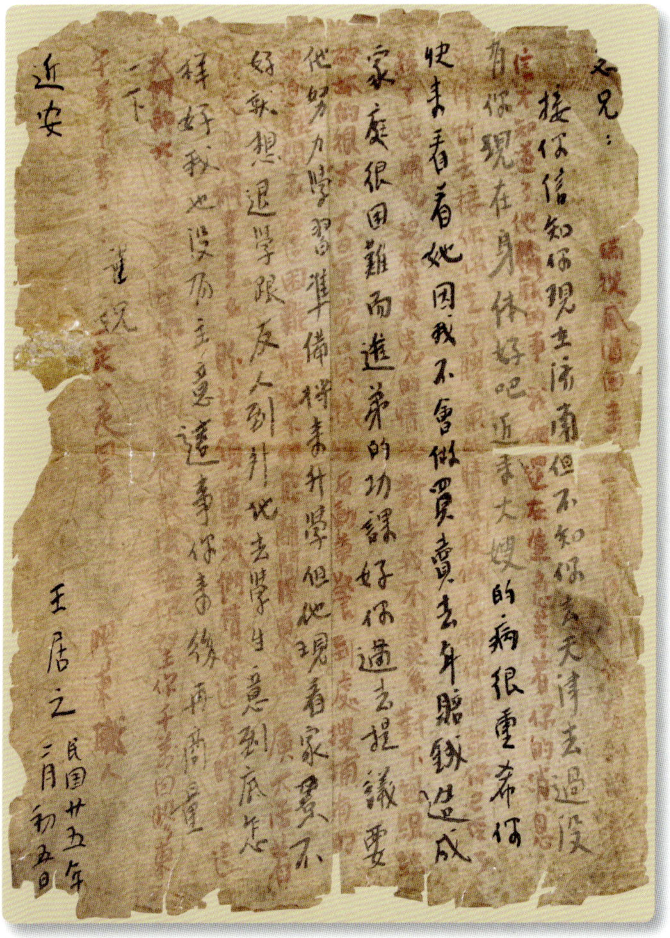

理兄：

接你信知你現在濟南 但不知你去天津去過沒有？你現在身体好吧 近来大嫂的病很重希你快来看看她 因我不會做買賣去年賠錢造成家庭很困難而進弟的功課好你適去提議要他努力學習準備將来升學 但他現看家貴不好就想退學跟友人到外地去學生意 到底怎樣好我也沒有主意 這事你来後再商量一下

謹祝

近安

王居之 民国廿五年二月初五日

## 张修己给理琪的密信

1936年

天福山起义纪念馆藏

1936年张修己写给理琪的密信。

## 张贤和

1911—1935

曾用名徐前进，海阳县庙河前村人。张贤和加入中国共产党后，时值战乱，莱阳乡师被迫停课。张贤和辍学回家，担任村支部书记，不久，担任会文乡总支书记，此间，张贤和先后发展张永尊、张西禄等加入中国共产党，经常秘密集会，研究对敌斗争策略，进行地下活动，给封建势力以沉重打击。1934 年春，经山崖子山下村中共党员宋吉臣介绍转于地口村，化名徐前进，以放牛为掩护，继续从事地下活动。同年 10 月，张贤和任中共牟平县委书记。1935 年“一一·四”暴动，张贤和任西路牟平暴动队伍负责人。在战斗中，率队突围时壮烈牺牲。

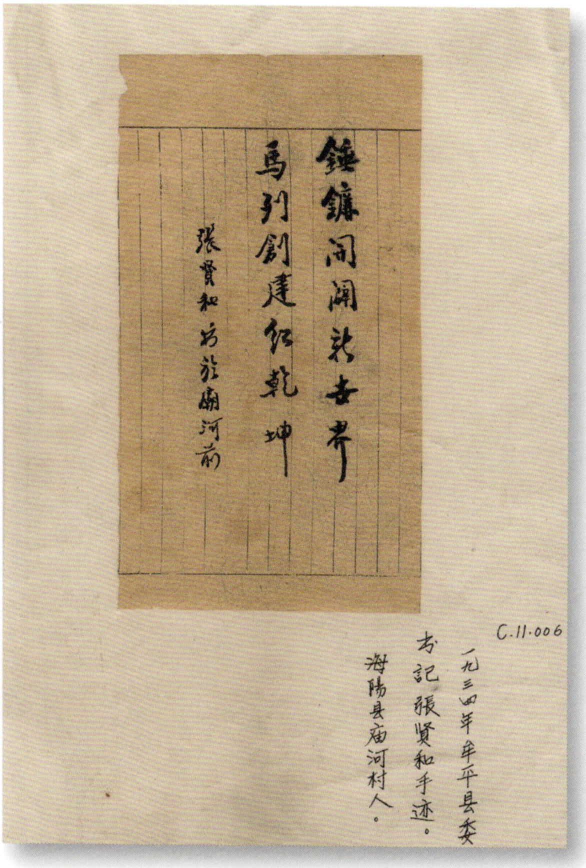


## 牟平县委书记张贤和手迹

1934年

地雷战纪念馆藏

1934年农历八月，张贤和经王之凤介绍，加入中国共产党，欣然题联“锤镰开辟新世界，马列创建红乾坤”。

## 马介臣

1904—1985

原名姜连欣，祖籍莱阳市辛庄村，1945 年落户于现海阳市方圆街道办事处瓦埠庄村。1932 年 5 月入党。入党后，在莱阳县水口、西龙沟一带从事地下工作。1935 年，在驾马沟村（今属乳山市）以扛活为名，从事党的地下工作。1936 年 3 月，在烟台市、莱阳县辛庄等地打短工，从事地下工作。1937 年 11 月，在莱阳县三甲乡（灰色乡）任训练员，从事地下工作。1938 年，任中共海阳县委交通员。1939 年，任中共海阳县委军事部部长。1941 年，任海阳县大队大队长。1944 年 2 月，任海阳县训育所所长。

### 马介臣参加“一一·四”暴动时使用的左轮手枪

1935年
山东博物馆藏

## 于得水

1906—1967

原名于作海，山东文登人。“一一·四”暴动领导人之一。于得水从 18 岁开始拜师学武艺，19 岁加入武术会。1931 年 5 月，经人介绍，参加了农民协会。由于出身贫苦、思想进步，又经常接触共产党员邹青言、于绍先等人，阶级觉悟不断提高。1935 年 11 月 29 日，中共胶东特委发动了土地革命战争时期胶东规模最大的武装暴动。于得水参加了暴动前的准备工作，被任命为东路一大队（特务大队）大队长。11 月 28 日晚，他和政委刘振民带领特务大队奔袭石岛。于得水随机应变，分兵两路，连夜西上，奇袭人和、鹊岛、黄山、宋村等镇公所、盐务局，然后，再按原计划与一、二大队会合。后率队乘胜北上，直奔鹊岛盐务局。但是，鹊岛盐务局和黄山区公所、高村区公所的敌人早已闻风而逃。队伍又直扑宋村盐务局，在张家埠南，与逃回的盐警队遭遇，歼灭盐警三四十人。经过两天一夜的战斗，于得水带领三大队行程 300 余里，缴获长短枪 80 多支，刺刀 50 余把，土枪 30 多支，子弹 2000 余发，受到特委书记张连珠的表扬。

12 月 3 日，张连珠等率领的一、三大队被展书堂的八十一师包围在底湾头村。于得水闻讯，立即率队增援。队伍到达郭格庄一带，与敌人遭遇，经激烈战斗，互有伤亡，被迫撤出战斗。暴动因遭到反动武装镇压而失败，于得水、王亮等带领部分队员转战到昆嵛山区，成立了以于得水为队长的昆嵛山红军游击队坚持武装斗争。暴动被镇压后，面对白色恐怖，于得水毫不畏惧，带领游击队与敌人巧妙周旋，始终坚持战斗在昆嵛山上，为胶东抗日根据地的建立和发展作出了重要贡献。昆嵛山红军游击队，是当时山东地区仅有的一支红军队伍。

## 于得水的手稿
## 《回忆胶东抗战前后我军发展概况》

1959年7月16日
威海市博物馆藏

该回忆录是于得水在1959年讲述《回忆胶东抗战前后我军发展概况》时留下来的，描述了当时工人、农民、士兵、学生、商贩等不同群体的生活遭遇，讲述了自己走上革命道路和胶东革命开始、发展、壮大的过程，是见证胶东人民抗战前后武装力量的创立、发展以及研究胶东革命史的珍贵资料。

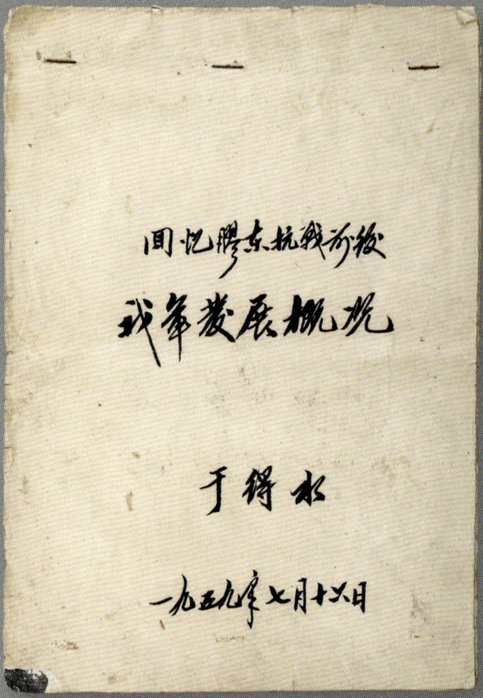
回忆胶东抗战前后
我军发展概况

于得水

一九五九年七月十六日

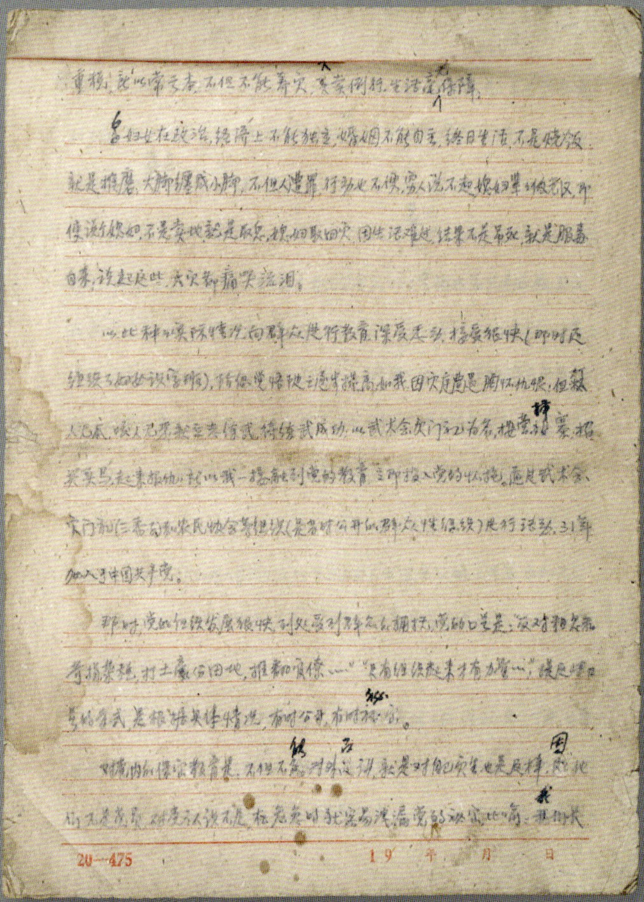
20—475 19 年 月 日

## “一一·四”暴动领导人周庆珍到各地化装宣传所用的皮箱

1935年
山东博物馆藏

1935年11月29日（农历十一月初四），中共胶东特委书记张连珠举旗暴动，由此拉开土地革命战争时期中国共产党在胶东地区领导的规模最大的武装斗争，史称“一一·四”暴动。文登郭家店村周庆珍当时为暴动参加人员，曾拎着皮箱到各地化装宣传。尽管暴动最终失败，但是却震惊全国。当时全国各大报纸均在头条大字标题报道所谓“胶东赤匪蠢动”的消息，蒋介石8次电令国民党山东省主席韩复榘派兵镇压。经过这次武装斗争的洗礼，胶东的党组织和人民群众得到了锻炼，党的影响随之扩大，革命之路也愈见清晰。

## “一一·四”暴动领导人蔡英卓的记事簿

土地革命战争时期
山东博物馆藏

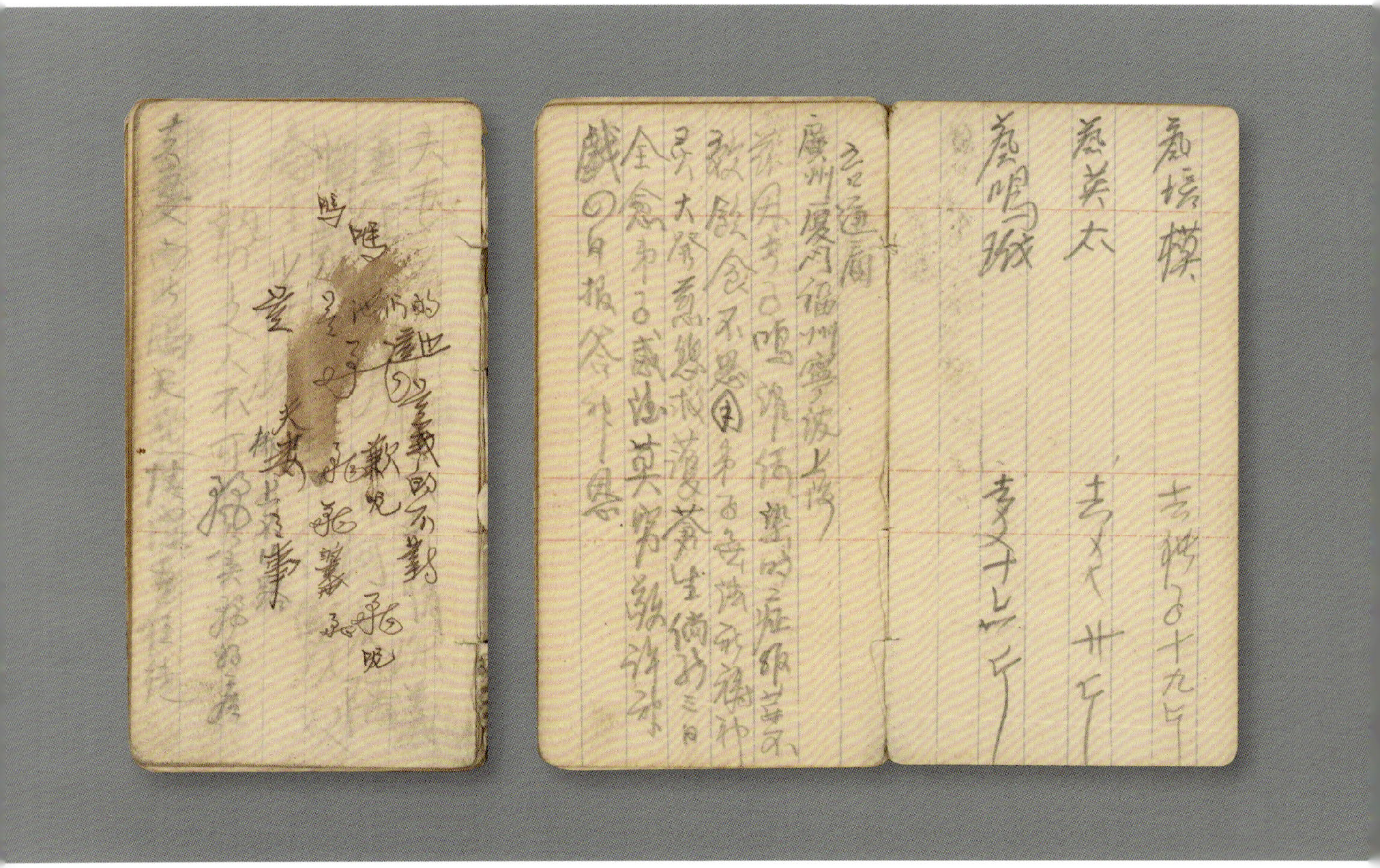

## 蔡英卓开“天生德”买卖号掩护地下工作用的钱褡子

1934年
山东博物馆藏

蔡英卓，土地革命战争时期曾在胶东以生意为掩护从事党的地下工作，后任中共牟平县委委员。1935年11月29日中共胶东特委委员曹云章、邹恒禄和中共牟平县委书记张贤和率领共产党员和革命群众150余人，在牟平县午极村起事，发动“一一·四”暴动，蔡英卓参加了此次暴动，领导暴动队伍夺取区公所，将地主的粮食分给贫苦农民。12月2日暴动队伍突遭国民党军八十一师赵廷璧1000余人包围，因武器装备和人数悬殊，蔡英卓和张贤和、柳芳斋等10余人在战斗中牺牲。

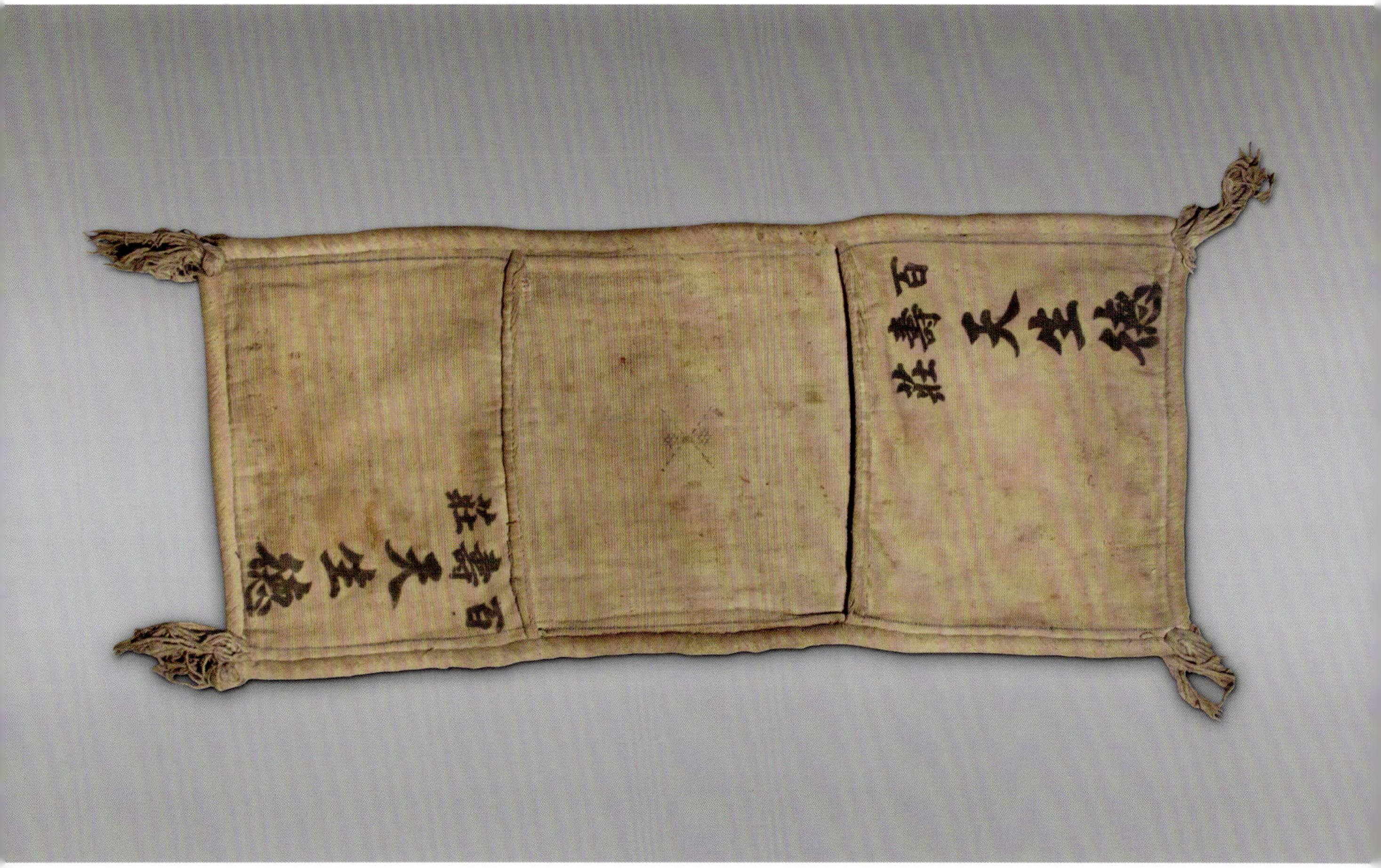

## 昆嵛山红军游击队用过的铁锨头

1935—1937年
天福山起义纪念馆藏

此铁锨头原为生产工具，后被红军游击队员作为武器和化铅做子弹头的工具使用。1935年11月29日，中共胶东特委领导发动了土地革命战争时期胶东规模最大的武装暴动，因暴动的起始日为农历十一月四日，这次暴动史称“一一·四”暴动。暴动因遭到反动武装镇压而失败，于得水、王亮等带领部分队员转战到昆嵛山区，成立了以于得水为队长的昆嵛山红军游击队坚持武装斗争。

## 中共胶东特委自造的油印机

1936年
天福山起义纪念馆藏

这台油印机为中共胶东特委制作和使用。1936年在上海工作的共产党员理琪辗转来到胶东，落脚在文登县沟于家村中共文登临时县委书记张修己家中，成立了以理琪为书记的中共胶东临时特委。为恢复和发展胶东党组织、对胶东“一一·四”暴动有统一认识，理琪着手起草《给各级党同志的一封信》，以此作为整顿胶东党组织的指导文件。为了印刷文件，特委制作这台油印机。该油印机在此后油印报纸《真理报》时，也发挥了重要作用。

## 《八一示威宣言》

1929年
青岛市博物馆藏

薄黄纸印成。1929年7—11月，青岛日商各工厂爆发了同盟大罢工，史学界称之为“青岛工潮”。工人们为追求经济、政治权益，与日本帝国主义及国民党反动势力做坚决斗争。8月1日，工人们一致号召无产阶级及被压迫群众举行示威游行。宣言作为工人阶级向广大群众宣传反帝爱国思想的重要手段之一，反映了青岛工人阶级逐渐提高的政治觉悟，推动了青岛的反帝反封建斗争不断前进。

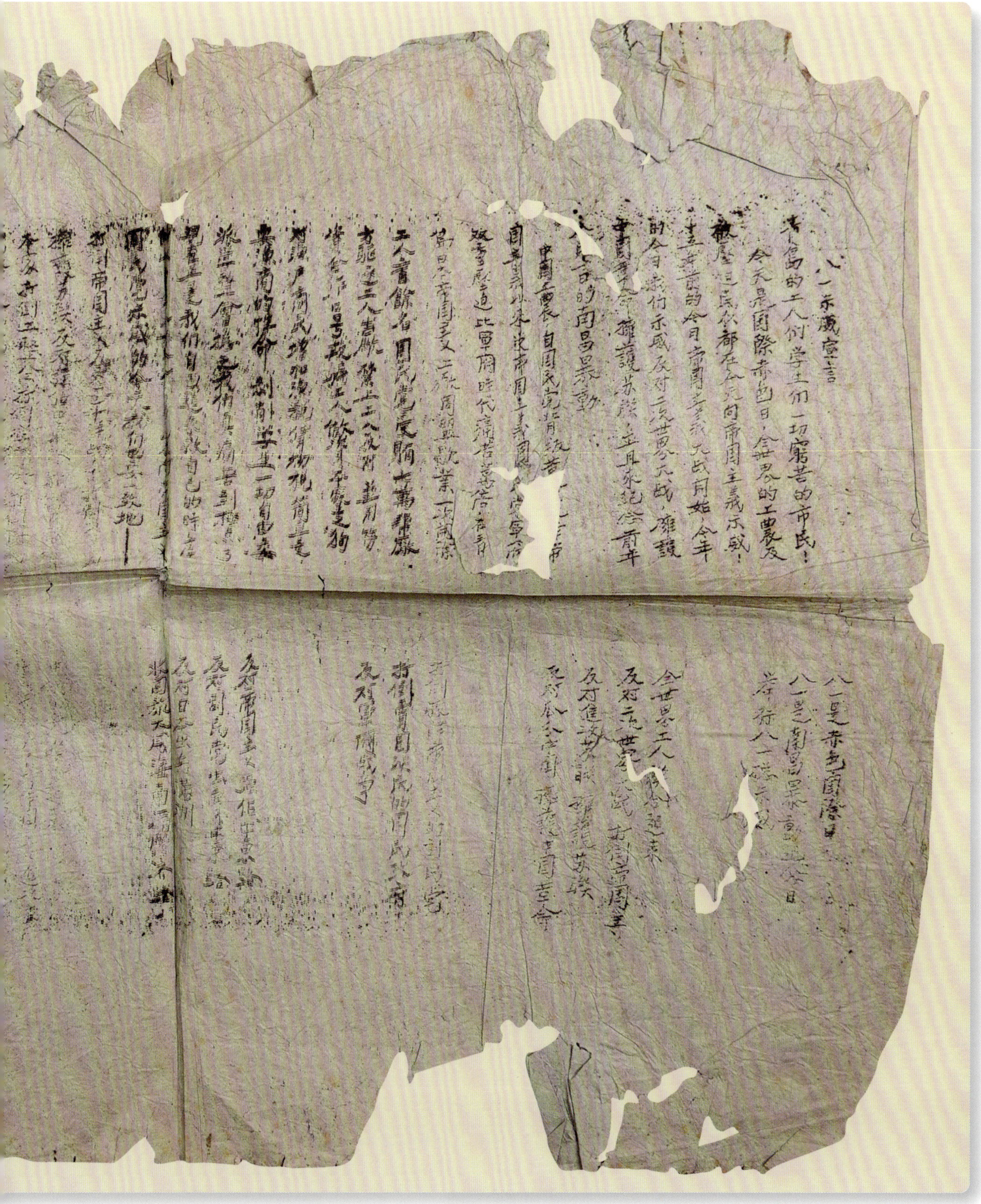
八一示威宣言
青岛的工人们，学生们，一切穷苦的市民！
今天是国际赤色日，全世界的工农及
被压迫民众都在今天向帝国主义示威！
[illegible]的今日，帝国主义[illegible]开始，今年
的今日我们示威反对二次世界大战，拥护
中国革命，拥护苏联，并且来纪念前年
今日的南昌暴动
中国工农自国民党[illegible]
[illegible]帝国主义[illegible]
[illegible]比军阀时代痛苦[illegible]
[illegible]日本帝国主义[illegible]
工人青年[illegible]国民党[illegible]
[illegible]
[illegible]
[illegible]
[illegible]我们[illegible]
[illegible]我们[illegible]一致地——
[illegible]帝国主义[illegible]

八一是赤色国际日
八一是南昌暴动[illegible]日
举行八一[illegible]示威
全世界工人[illegible]起来
反对二次世界大战，打倒帝国主义
反对进攻苏联，拥护苏联
反对[illegible]，拥护中国革命
[illegible]
拥护[illegible]
反对军阀战争
反对帝国主义[illegible]
反对[illegible]
反对日本出兵满洲
收回[illegible]

## 五三惨案纪念碑

1929年
青州市博物馆藏

碑身为方锥形，四面均隶刻“济南五三惨案纪念碑”9个大字。原存于青州天齐庙，1964年从东门甜水井中捞出，运至青州市博物馆保存。

1928年国民政府二次“北伐”，日本借机出兵山东，进驻济南。5月3日，日军向济南国民党驻地进攻，制造了震惊中外的五三惨案。据不完全统计，被杀害的中国军民和外交人员有6000余人。翌年5月3日，青州各界人士联合召开大会，声讨日本帝国主义的暴行，并立此碑纪念。

1928年5月4日，为揭露日本制造五三惨案的真相，李澄之、王旭、张天彪等各界爱国人士组成济南惨案外交后援会。图为1928年6月1日济南惨案外交后援会代表团在北京。

## 曲阜各界追悼济南死难烈士大会筹备会致函

1928年5月21日
孔子博物馆藏

1928年5月21日，济南五三惨案发生后，曲阜各界追悼济南死难烈士大会筹备会的通知致函。为讨伐日军暴行，纪念死难烈士，唤起民众爱国之心，曲阜成立了各界追悼济南死难烈士大会筹备会，确定追悼大会于5月22日上午9时举行，各机关各团体一律休业半日下半旗及停止宴乐一日，藉表哀忱。

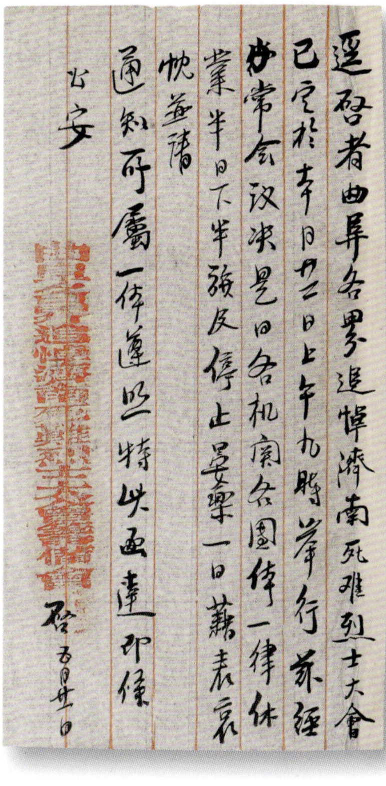
逕啓者曲阜各界追悼濟南死難烈士大會已定於本月廿二日上午九時舉行茲經本會議決是日各機關各團體一律休業半日下半旗及停止宴樂一日藉表哀忱並請通知所屬一體遵照特此函達即候
公安
啓 五月廿一日

## 青岛行栈同业公会《为反对商品检验局非法检验内销土产哀告同胞书》

1929年
青岛市博物馆藏

铅印。青岛行栈同业公会为反对商品检验局非法检验内销土产的宣传品。1931年3月28日，青岛200余名土产商人集结到国民党青岛市党部和市政府请愿，要求电呈实业部取消对内销花生、花生油强行收取检验费。4月22日，实业部青岛商检局被迫明令实行免费检验。这是青岛行栈同业公会为反对青岛商品检验局强行检验内销土产的告同胞书，呼吁“站在同一战线的各界同胞，团结一致携起手来共同奋斗，打倒害商病民的青岛商品检验局！铲除反复无常刁顽狡黠的税棍牟钧德！”

19世纪后期开始，中国的对外贸易逐渐发展，外国检验机构在各重要口岸设立商品检验公证所，在中外贸易关系中充当中间人，袒护本国商人经济利益，控制了中国的进出口商品检验主权。直至1928年南京国民政府工商部发布《工商行政纲要》，提出统一事权，在全国重要通商口岸设立商品检验机构。1929年，工商部颁布了《商品出口检验局暂行章程》，启动上海、汉口、青岛、天津、广州首批五个官办商品检验局的创建工作。1929年7月6日工商部青岛商品检验局（后改归实业部）成立，牟钧德任局长，王斌兴任副局长。7月20日，工商部青岛商品检验局正式挂牌开办业务。12月3日，首先对豆类、油类等出口商品实施检验。青岛商品检验局成为继上海、武汉后工商部建立的第三个商检机构，也是北方最早的官方商检局，山东省第一个商检机构。

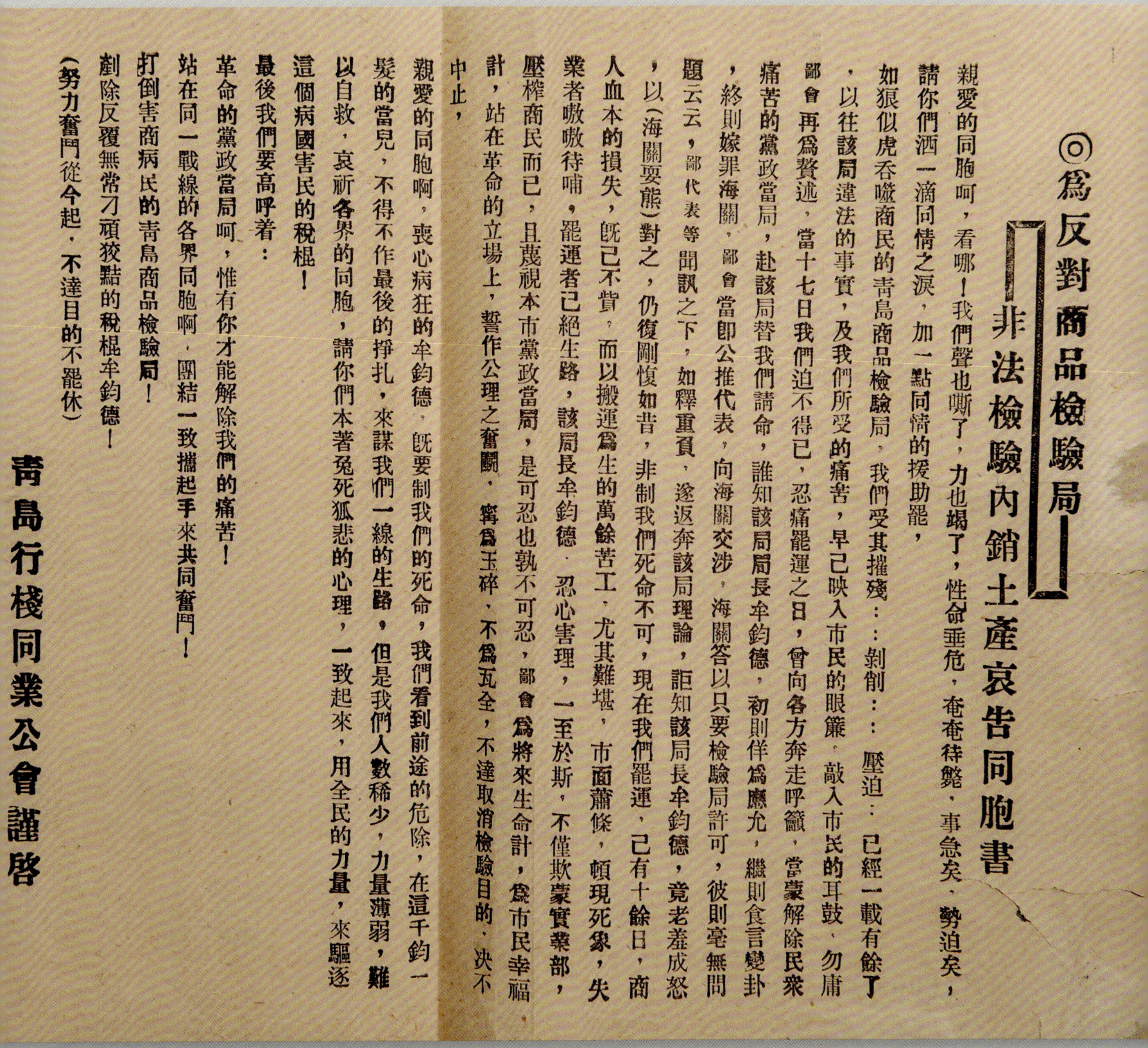

◎爲反對商品檢驗局非法檢驗內銷土產哀告同胞書

親愛的同胞呵，看哪！我們聲也嘶了，力也竭了，性命垂危，奄奄待斃，事急矣，勢迫矣，請你們洒一滴同情之淚，加一點同情的援助罷，

如狠似虎吞噬商民的青島商品檢驗局，我們受其摧殘：：剝削：：壓迫：已經一載有餘了，以往該局違法的事實，及我們所受的痛苦，早已映入市民的眼簾，敲入市民的耳鼓，勿庸鄙會再爲贅述，當十七日我們迫不得已，忍痛罷運之日，曾向各方奔走呼籲，當蒙解除民衆痛苦的黨政當局，赴該局替我們請命，誰知該局局長牟鈞德，初則佯爲應允，繼則食言變卦，終則嫁罪海關，鄙會當即公推代表，向海關交涉，海關答以只要檢驗局許可，彼則毫無問題云云，鄙代表等聞訊之下，如釋重負，遂返奔該局理論，詎知該局長牟鈞德，竟老羞成怒，以(海關要態)對之，仍復剛愎如昔，非制我們死命不可，現在我們罷運，已有十餘日，商人血本的損失，既已不貲，而以搬運爲生的萬餘苦工，尤其難堪，市面蕭條，頓現死象，失業者嗷嗷待哺，罷運者已絕生路，該局長牟鈞德，忍心害理，一至於斯，不僅欺蒙實業部，壓榨商民而已，且蔑視本市黨政當局，是可忍也孰不可忍，鄙會爲將來生命計，爲市民幸福計，站在革命的立場上，誓作公理之奮鬪，寧爲玉碎，不爲瓦全，不達取消檢驗目的，決不中止，

親愛的同胞啊，喪心病狂的牟鈞德，既要制我們的死命，我們看到前途的危除，在這千鈞一髮的當兒，不得不作最後的掙扎，來謀我們一線的生路，但是我們人數稀少，力量薄弱，難以自救，哀祈各界的同胞，請你們本著兔死狐悲的心理，一致起來，用全民的力量，來驅逐這個病國害民的稅棍！

最後我們要高呼着：

革命的黨政當局呵，惟有你才能解除我們的痛苦！

站在同一戰線的各界同胞啊，團結一致攜起手來共同奮鬥！

打倒害商病民的青島商品檢驗局！

剷除反覆無常刁頑狡黠的稅棍牟鈞德！

(努力奮鬥從今起，不達目的不罷休)

青島行棧同業公會謹啓

铜质镇纸和石质砚台是当时青岛支部干部联席会秘密机关使用过的。它见证了在帝国主义和北洋军阀的双重压迫下，青岛党团组织的创建与发展的曲折历程。

1921年中国共产党成立后，王荷波、邓恩铭、王尽美等先后来到青岛，创建党团组织，为马克思主义在青岛的传播奠定了思想基础。在党的发动、培训和组织领导下，以党团组织为中心展开系统化的宣传，为青岛党组织改造工人团体、领导工人运动提供了更多便利，也为青岛革命史掀开了新的篇章。

## 青岛支部干部联席会秘密机关使用的镇纸

1926年
青岛市博物馆藏

## 青岛支部干部联席会秘密机关使用的砚台

1926年
青岛市博物馆藏

## 青岛七大纱厂工人联合会印发《为纱厂减少工钱加重工作告工友书》

1931年3月14日
山东博物馆藏

1931年3月14日，青岛七大纱厂工人联合会印发《为纱厂减少工钱加重工作告工友书》，号召工人起来援助红军和苏维埃区域的工农兄弟，反对帝国主义，反对国民党军队进攻红军和苏区，号召纱厂工人团结起来，加入自己的工会，反对增加工作时间和减少工钱。

1930年末中共青岛市委重建，致力于群众组织的重建工作。12月31日，与山东工人联合会联合召开青岛市工人代表会议，有15家工厂的30名代表参加，决定成立青岛工人联合会。会上选出7名执行委员，设专职委员长、秘书长各一人，其余均由在业工人分别担任秘书、组织、宣传、青工、妇女、失业、纠察7个部的会务工作。该会主要任务是指导推进工会工作，与国民党“工整会”开展斗争。1931年2月18日，青岛工人联合会与山东工人联合会举办职工运动训练班。学习结束后分派到附近各县从事工运工作。3—4月间，青岛工人联合会先后编印《为宝来纱厂事件告工人书》《告市政工友书》《告青岛纱厂工友书》《为纪念“四·一二”告青岛工人书》等传单，向工人散发。揭露厂主和国民党“工整会”勾结、压迫剥削工人的事实，号召工人为争生存而斗争。1931年4月下旬，由于中共山东省及青岛市组织遭到严重破坏，青岛工人联合会也停止了活动。

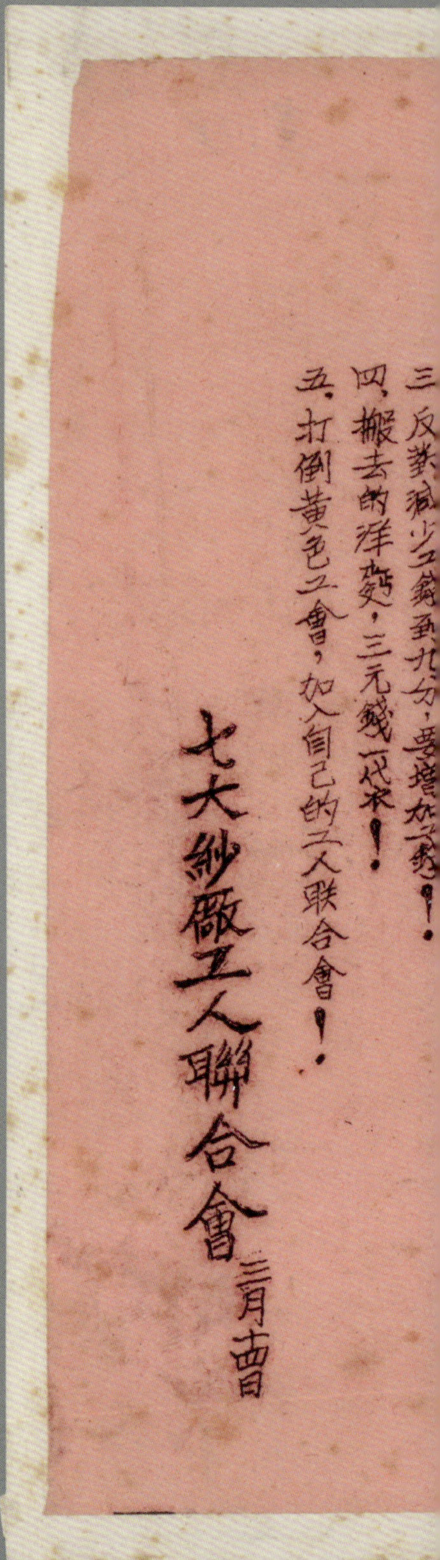

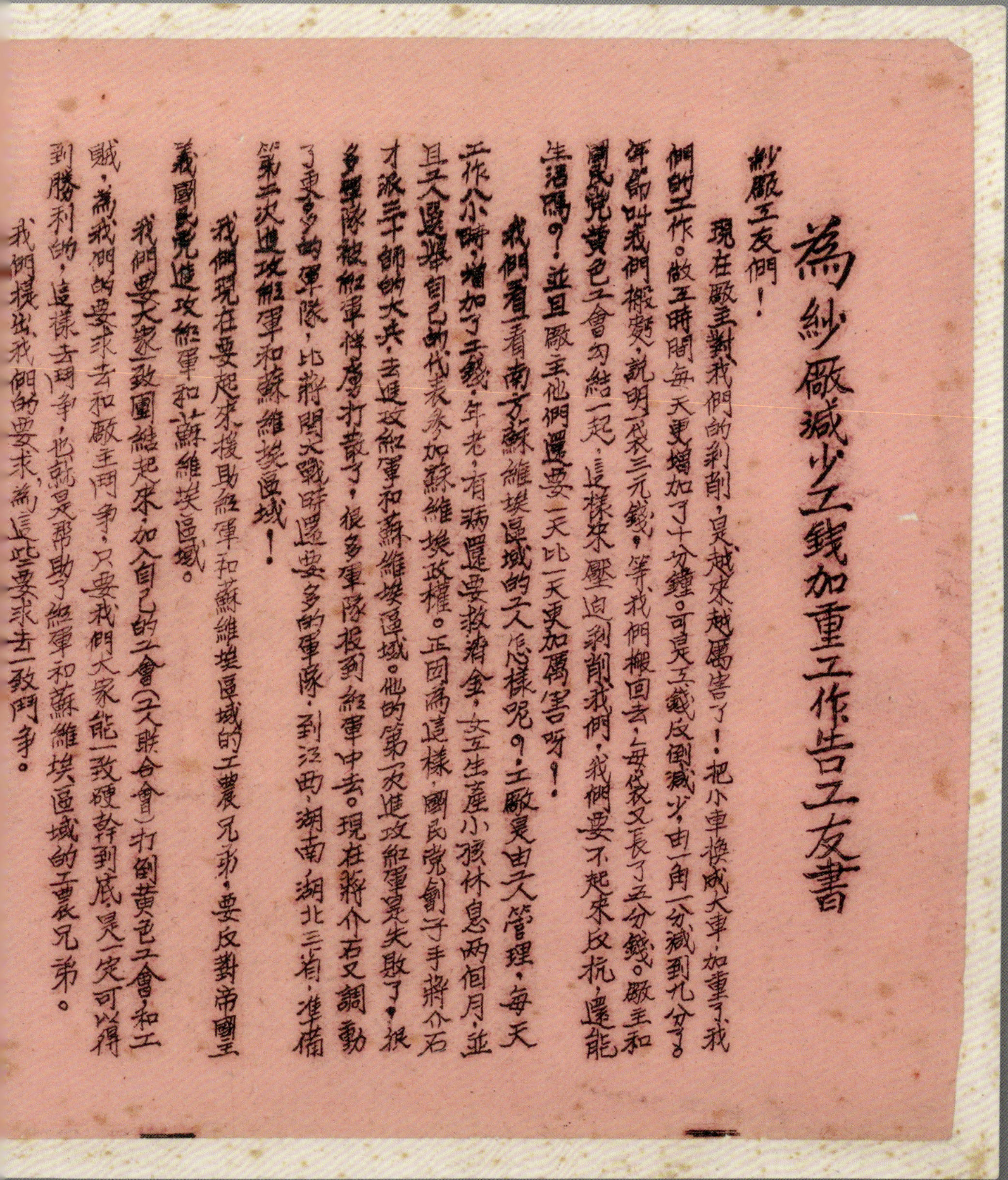

# 為紗廠減少工錢加重工作告工友書

紗廠工友們！

現在廠主對我們的剝削，是越來越厲害了！把小車換成大車，加重了我們的工作。做工時間每天更增加了十分鐘。可是工錢反倒減少，由一角一分減到九分多。年節叫我們搬家，說明一家三元錢，等我們搬回去，每家又長了五分錢。廠主和國民黨黃色工會勾結一起，這樣來壓迫剝削我們，我們要不起來反抗，還能生活嗎？並且廠主他們還要一天比一天更加厲害呀！

我們看一看南方蘇維埃區域的工人怎樣呢？工廠是由工人管理，每天工作八小時，增加了工錢，年老，有病還要救濟金，女工生產小孩休息兩個月，並且工人還選舉自己的代表參加蘇維埃政權。正因為這樣，國民黨劊子手蔣介石才派三十師的大兵去進攻紅軍和蘇維埃區域。他的第一次進攻紅軍是失敗了，很多軍隊被紅軍俘虜打散了，很多軍隊投到紅軍中去。現在蔣介石又調動了更多的軍隊，比蔣閻大戰時還要多的軍隊，到江西，湖南，湖北三省，準備第二次進攻紅軍和蘇維埃區域！

我們現在要起來援助紅軍和蘇維埃區域的工農兄弟，要反對帝國主義國民黨進攻紅軍和蘇維埃區域。

我們要大家一致團結起來，加入自己的工會（工人聯合會）打倒黃色工會和工賊，為我們的要求去和廠主鬥爭，只要我們大家能一致硬幹到底，是一定可以得到勝利的，這樣去鬥爭，也就是幫助了紅軍和蘇維埃區域的工農兄弟。

我們提出我們的要求，為這些要求去一致鬥爭。

## 中国革命互济会山东临时省总会、青岛市革命互济会执行委员会印发《为“三八”国际妇女节告青岛姊妹书》

1931年
山东博物馆藏

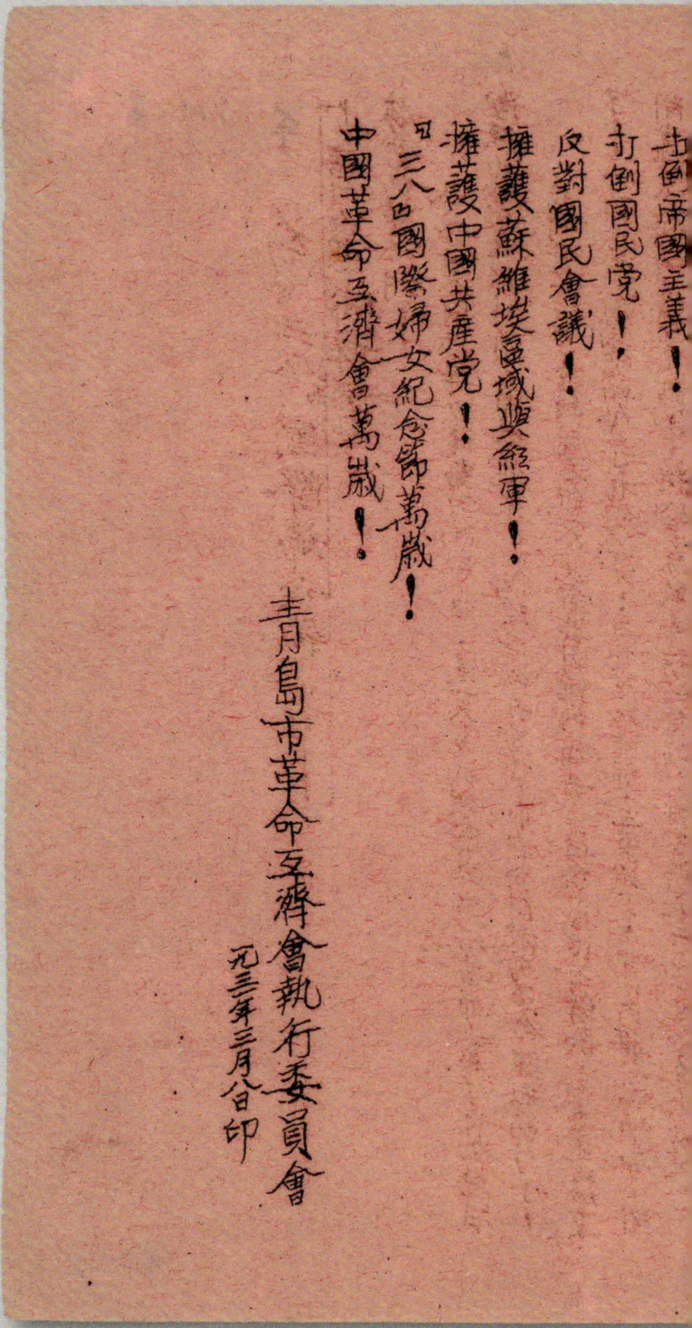

倒帝國主義！
打倒國民党！
反對國民會議！
擁護蘇維埃與紅軍！
擁護中國共產党！
『三八』國際婦女紀念節萬歲！
中國革命互濟會萬歲！
青島市革命互濟會執行委員會
一九三一年三月八日印

中国革命互济会山东临时省总会、青岛市革命互济会执行委员会为“三八妇女纪念日”发出的宣言。

1919年经过五四运动的洗礼，先进知识分子和进步青年在思想上发生了急剧的变化。以女学生为先锋，各界妇女纷纷投身到反帝爱国运动的浪潮之中。1930年4月6日，中共青岛市委召开会议，议定组成革命互济会执委会，提出救济受难革命战士及其家属、救济失业工人等18条意见。互济会是党领导的革命群众组织，是党的外围组织之一，以反对帝国主义和国民党的压迫、反对逮捕等为主要责任，并在发展互济会的过程中发展党员，有时也协助地方党组织在空白地区建立支部，培养共产党员。

1931年3月8日，恰逢全国三八妇女节之际，中国革命互济会山东临时省总会、青岛市革命互济会执行委员会发出《为“三八”国际妇女节告青岛姊妹书》宣言，号召青岛一切受压迫的姊妹们团结起来，反对帝国主义和国民党的压迫和剥削，反对工头打骂、童养媳制度、买卖婚姻等一系列压制妇女人身自由的不平等待遇，提出增加工钱、同等工钱减少工作时间、改善生产和哺乳待遇、要求结社集会和言论自由、要求结婚离婚自由等权利。

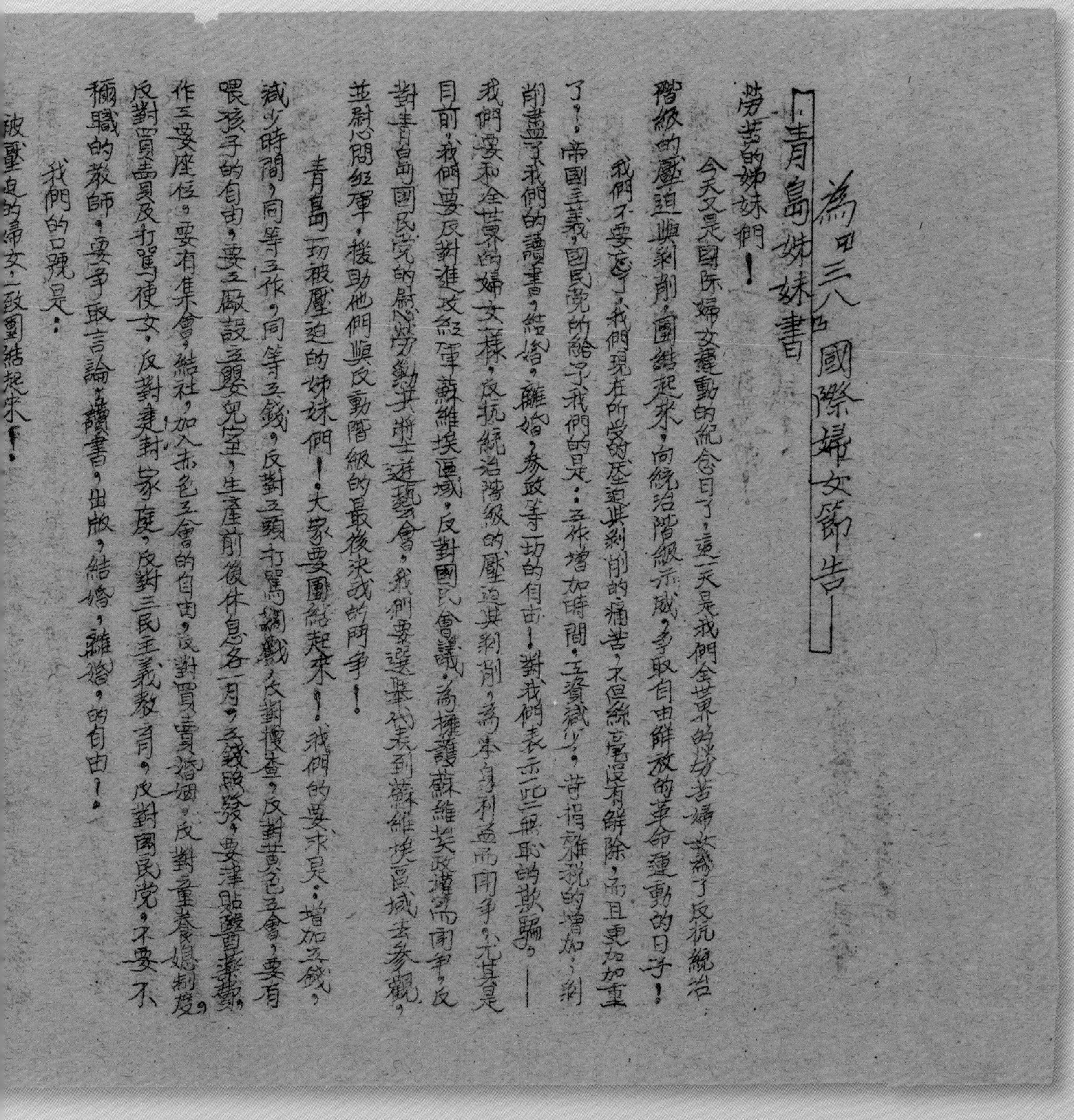

為"三八"國際婦女節告青島姊妹書

勞苦的姊妹們！

今天又是國际婦女運動的紀念日了，這一天是我們全世界的勞苦婦女為了反抗統治階級的壓迫與剝削，團結起來，向統治階級示威，爭取自由解放的革命運動的日子！

我們不要忘了：我們現在所受的壓迫與剝削的痛苦，不但絲毫沒有解除，而且更加加重了！！帝國主義，國民党所給予我們的是：工作增加時間，工資減少，苛捐雜稅的增加，剝削盡了我們的讀書，結婚，離婚，參政等一切的自由！對我們表示一些無恥的欺騙，——

我們要和全世界的婦女一樣，反抗統治階級的壓迫與剝削，為本身利益而鬥爭，尤其是目前，我們要反對進攻紅軍蘇維埃區域，反對國民會議，為擁護蘇維埃政權而鬥爭，反對青島國民党的慰勞剿共游藝會，我們要選舉代表到蘇維埃區域去參觀，並慰問紅軍，援助他們與反動階級的最後決戰的鬥爭！

青島一切被壓迫的姊妹們！大家要團結起來！我們的要求是：增加工錢，減少時間，同等工作，同等工錢，反對工頭打罵調戲，反對搜查，反對黃色工會，要有喂孩子的自由，要工廠設立嬰兒室，生產前後休息各一月，工錢照發，要津貼醫藥費，作工要座位，要有集會，結社，加入赤色工會的自由，反對買賣婚姻，反對童養媳制度，反對買賣及打罵使女，反對封建家庭，反對三民主義教育，反對國民党，不要不稱職的教師，要爭取言論，讀書，出版，結婚，離婚，的自由！

我們的口號是：

被壓迫的婦女，一致團結起來！

## 青岛七大纱厂工人联合会女工部发出关于“二七”纪念的传单

1931年
山东博物馆藏

1931年2月2日印发，署“七大纱厂工人联合会女工部”，主要内容为号召女工们团结起来，拥护红军和苏维埃政权，反抗国民党和资本家的压迫，改善工人待遇，争取工人权益。

在中国共产党领导下，1923年2月1日，京汉铁路总工会成立大会在郑州召开。军阀吴佩孚强行解散会议，驱逐代表。为此，2月4日，中共领导发动京汉铁路大罢工。2月7日，吴佩孚调动2万多名军警镇压罢工工人，杀害工人纠察团副团长曾玉良、机车厂铆工葛树贵等40余人，大批工人被捕、被开除，造成了震惊中外的二七惨案。罢工领导人、共产党员林祥谦、施洋壮烈牺牲。惨案发生后，中共中央发表《为吴佩孚惨杀京汉路工告工人阶级与国民书》，号召全国人民和工人阶级团结起来，打倒压迫和残杀工人的军阀，为自由而奋斗。

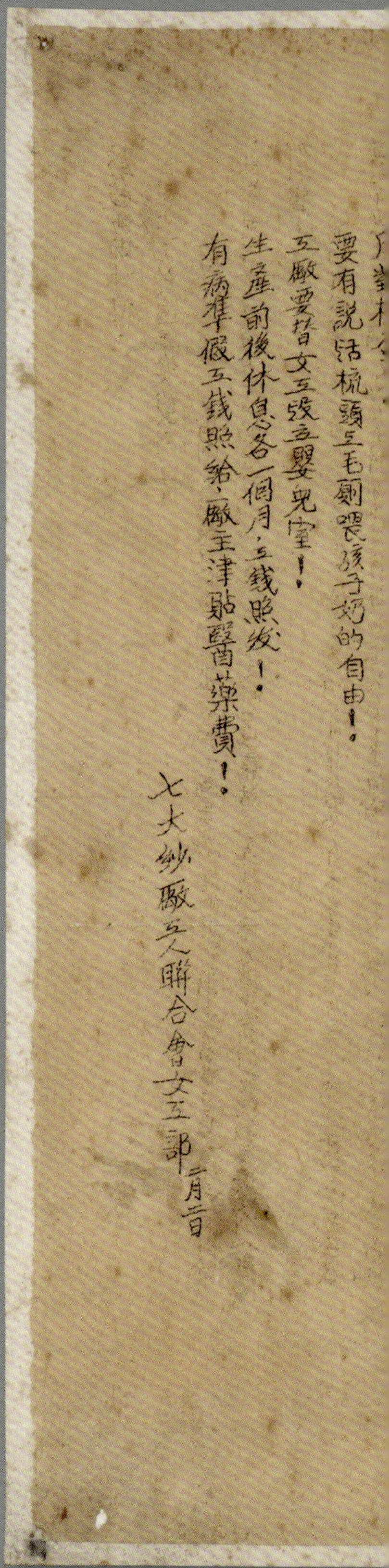
要有說話梳頭工毛廁喂孩子奶的自由！
工廠要替女工設立嬰兒室！
生產前後休息各一個月，工錢照發！
有病准假，工錢照給，廠主津貼醫藥費！
七大紗廠工人聯合會女工部 二月二日

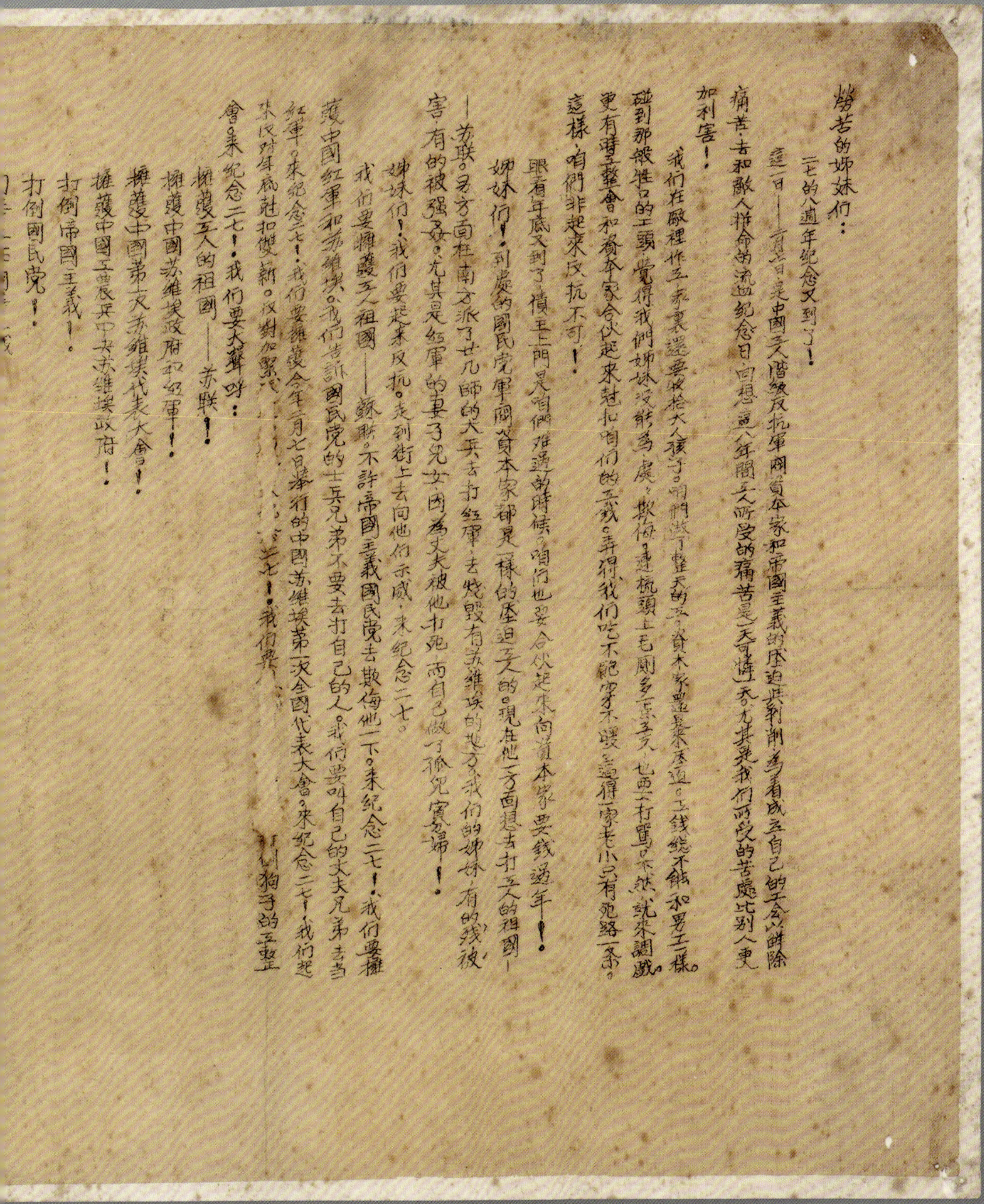

劳苦的姊妹们：

二七的八週年纪念又到了！

這一日——二月七日是中國工人階級反抗軍閥資本家和帝國主義的壓迫與剝削，為着成立自己的工会以爭除痛苦，去和敵人拼命的流血紀念日。回想這八年間工人所受的痛苦是一天可憐一天，尤其是我們所受的苦處比別人更加利害！

我們在厰裡作工，家裏還要收拾大人孩子，咱們做了整天的工，資本家還是來壓迫，工錢總不能和男工一樣。碰到那般難口的工頭，覺得我們姊妹沒能為，處處欺侮，連梳頭上毛厠多一点工夫也要打罵，不然就來調戲。更有時工整會和資本家合伙起來尅扣咱們的工錢，弄得我們吃不飽穿不暖，這得一家老小只有死路一条。這樣，咱們非起來反抗不可！

眼看年底又到了，債主上門是咱們難過的時候，咱們也要合伙起來向資本家要錢過年！

姊妹們！到處的國民党軍閥資本家都是一樣的壓迫工人的，現在他一方面想去打工人的祖國——苏联，另方面在南方派了廿几師的大兵去打紅軍，去燒毀有苏維埃的地方，我們的姊妹，有的残被害，有的被强姦，尤其是紅軍的妻子兒女，因為丈夫被他打死，而自己做了孤兒寡婦！

姊妹們！我們要起來反抗，走到街上去向他們示威，來紀念二七。

我們要擁護工人祖國——蘇聯，不許帝國主義國民党去欺侮他一下，來紀念二七！我們要擁護中國紅軍和苏維埃，我們告訴國民党的士兵兄弟不要去打自己的人，我們要叫自己的丈夫兄弟去當紅軍，來紀念二七！我們要擁護今年二月七日舉行的中國苏維埃第一次全國代表大會，來紀念二七！我們起來反對年底赶扣雙薪，反對加緊[illegible]二七！我們要[illegible]打倒狗子的工整会，來紀念二七！我們要大聲呼：

擁護工人的祖國——苏联！

擁護中國苏維埃政府和紅軍！

擁護中國第一次苏維埃代表大會！

擁護中國工農兵中央苏維埃政府！

打倒帝國主義！

打倒國民党！

## 青岛反帝大同盟印“八一”的口号

1931年
青岛市博物馆藏

青岛反帝大同盟印发的关于《八月一日是赤色国际日》的传单。1929年7月27日，中共中央响应共产国际号召，发表了《中国共产党为八一国际赤色日宣言》，呼吁8月1日举行反帝示威活动。根据共产国际的决定，中共中央把每年8月1日定为“八一国际赤色日”，亦称作“八一反战日”或“八一反帝战争日”。

1931年6月，滕英斋（？—1932）奉中共中央委派，自上海来山东任中共山东省委书记，与吴亚鲁、张鸿礼、孙令华四人组成省委常委会，重建遭到严重破坏的中共山东省委，滕英斋任省委书记兼组织工作。省委领导机关驻在青岛，直接管理青岛党的工作，同步分别建立沧口、四方、东镇、青岛四个支部，还在国民党海军、铁路、铃木丝厂建立了党的基层支部、重建共青团青岛市委，并且主持召开了青岛反帝大同盟代表会议，在群众中大力推动反帝工作。1931年7月，中共山东省委组织青岛党团员参加了反帝大同盟，推动了青岛的反帝运动。

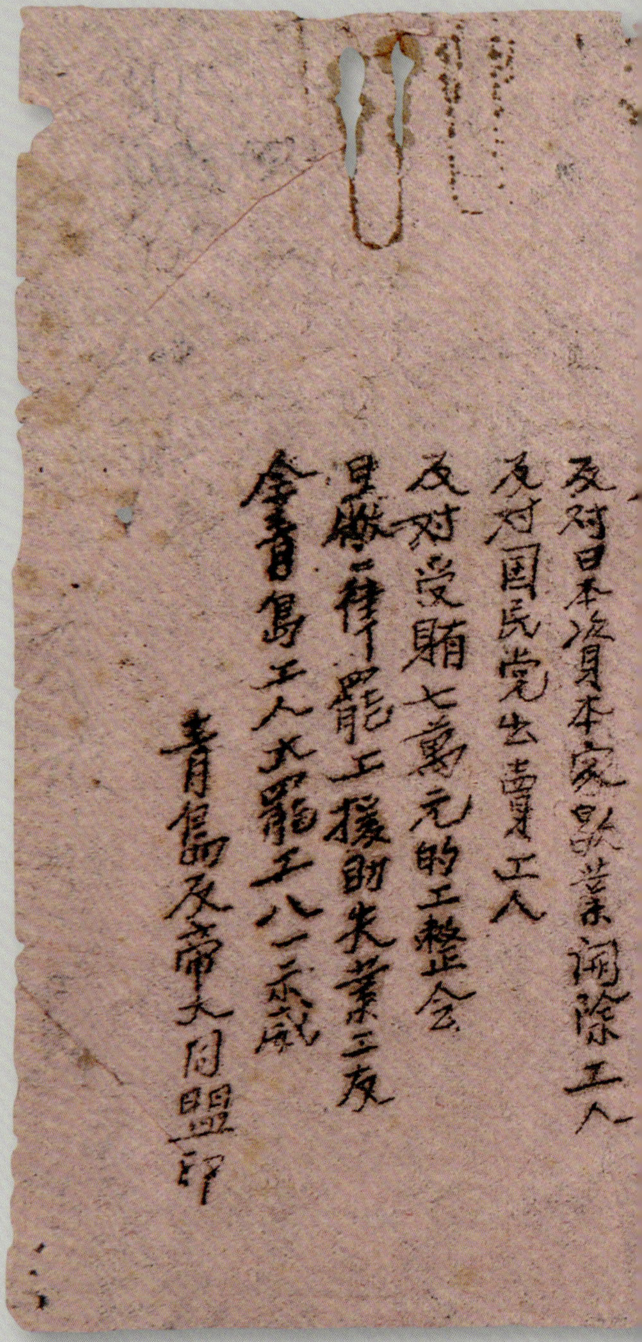

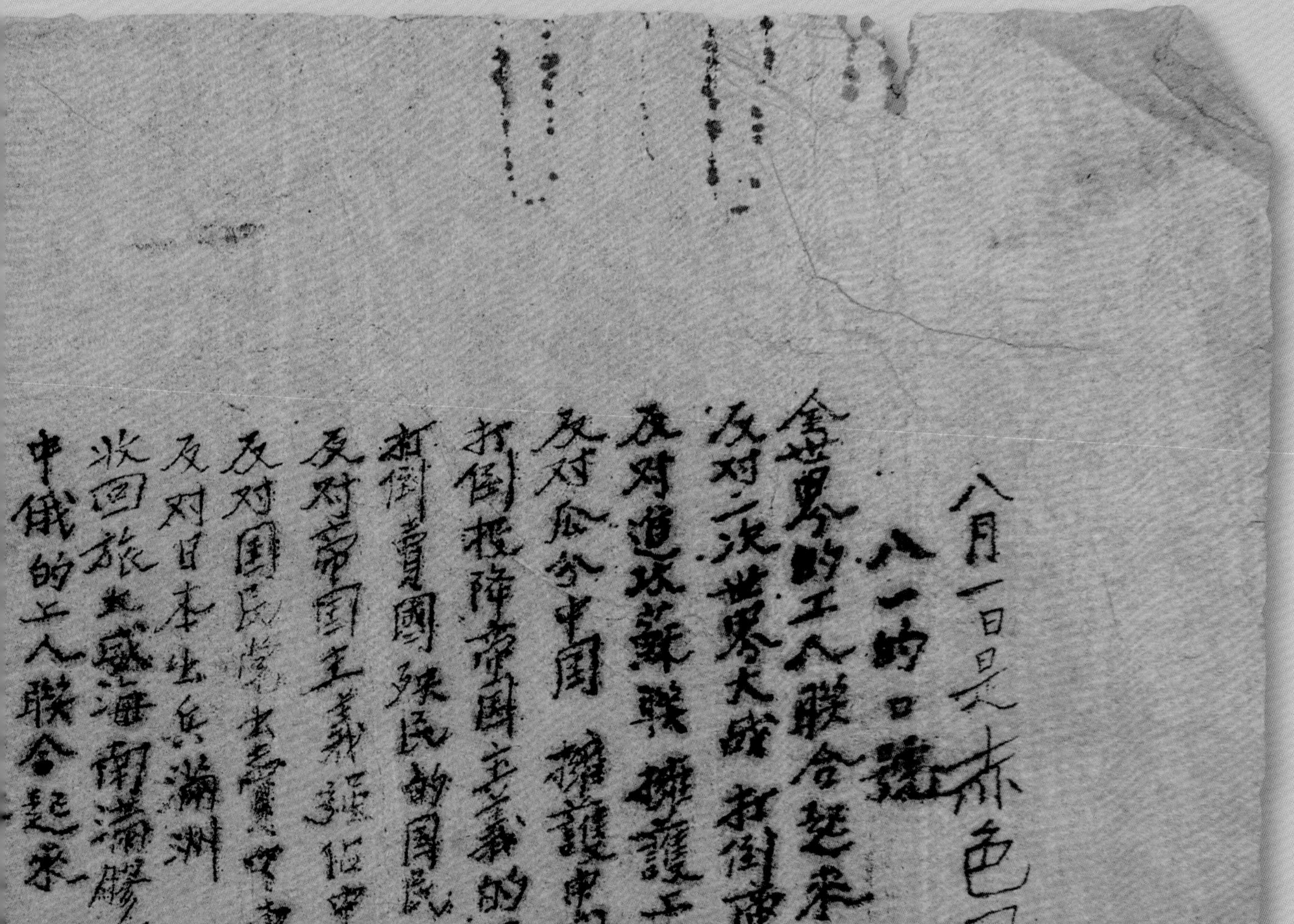

八月一日是赤色国際日

八一的口號

全世界的工人联合起来

反对二次世界大战 打倒帝国主義

反对進攻蘇联 擁護工人的國家

反对瓜分中国 擁護中国革命

打倒投降帝国主義的国民党

打倒賣國殃民的国民党

反对帝国主義强佔中東路

反对国民党出賣中東路

反对日本出兵滿洲

收回旅大威海南滿膠濟路

中俄的工人联合起来

## 中国共产党烟台特别支部工人运动委员会《为泗兴印务公司开除工友三告烟台全体工人书》的传单制版用原稿

1930年
烟台市博物馆藏

《为泗兴印务公司开除工友三告烟台全体工人书》是中国共产党烟台特别支部工人运动委员会印发传单制版用的手写原稿。

1928年5月，中国共产党烟台特别支部（简称特支）成立，1929年底，特支成立了工人运动委员会，并在广大工人中秘密进行宣传发动工作，动员全市工人按行业成立工会组织。烟台工人在党的组织和领导下，进行了一系列罢工活动，掀起了革命高潮。烟台印刷工人首先成立了印刷工会。1930年1月，烟台泗兴印务公司工人提出“实行8小时工作制，星期天休全假，增加工资”等要求，并印发了传单。1930年1月29日，泗兴印务公司的老板在年关之际，无故宣布开除印刷工会委员兼小组长高少绪等7名工会积极分子，引起了泗兴印务公司工人的愤慨，他们立即向资本家提出严重抗议，并组织了罢工斗争。这期间，特支工人运动委员会先后两次发表宣言，揭露资本家迫害工人的罪行，号召全市工人团结起来，向资本家展开坚决斗争。2月上旬，烟台印刷行业工人召开大会，决定实行总罢工，其他行业工会纷纷响应，支持印刷工人的总罢工。2月15日，特支工人运动委员会第三次发表《告全市工人书》，将罢工斗争推向新高潮。国民党当局惊慌失措，命令驻烟台国民党二十一师对罢工工人进行残酷镇压，同时迫令各个工厂复工，一场遍及全市的大规模罢工斗争遂告失败。这次罢工虽然最终以失败告终，但却是党领导的早期工人运动的重要组成部分之一，动摇了国民党反动派的统治，在广大工人心中埋下了革命的火种。

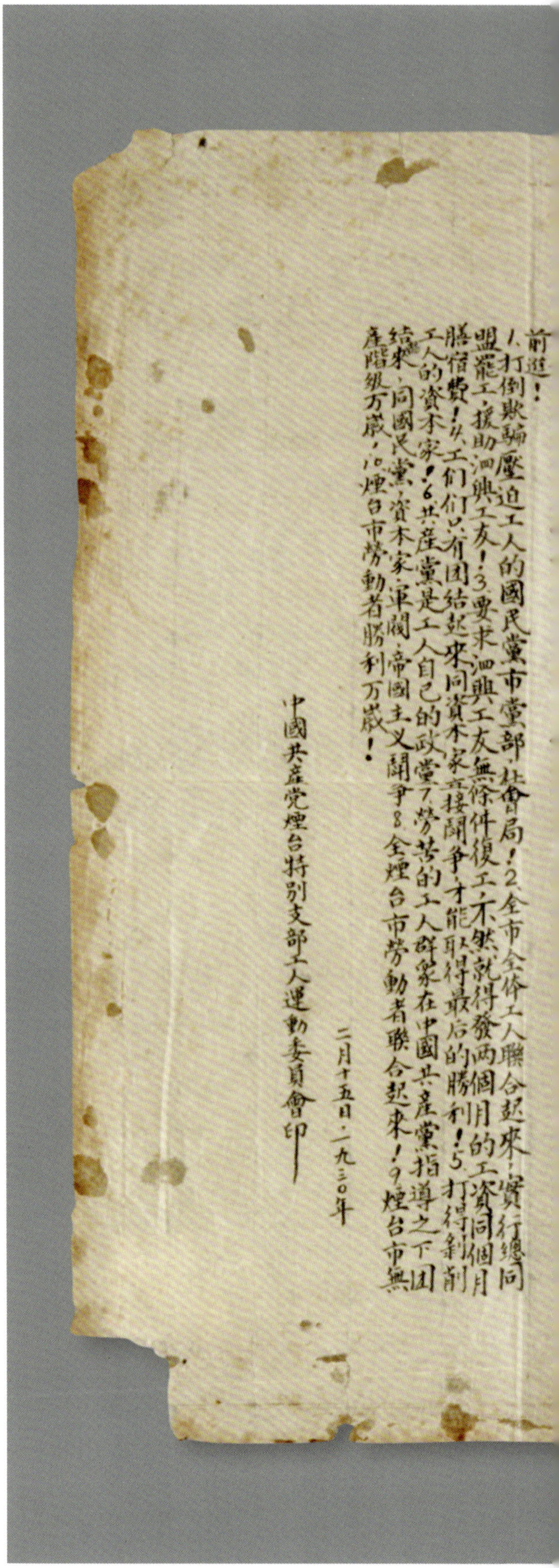
前進！
1.打倒欺騙壓迫工人的國民黨市黨部、社會局！2.全市全体工人聯合起來，實行總同盟罷工，援助泗興工友！3.要求泗興工友無條件復工，不然就得發兩個月的工資同個月膳宿費！4.工們們只有團結起來同資本家直接鬭爭，才能取得最后的勝利！5.打倒剝削工人的資本家！6.共產黨是工人自己的政黨 7.勞苦的工人群衆在中國共產黨指導之下團結起來，同國民黨、資本家、軍閥、帝國主义鬭爭 8.全煙台市勞動者聯合起來！9.煙台市無產階級万歲，10.煙台市勞動者勝利万歲！

中國共產党煙台特別支部工人運動委員會印

二月十五日・一九三〇年

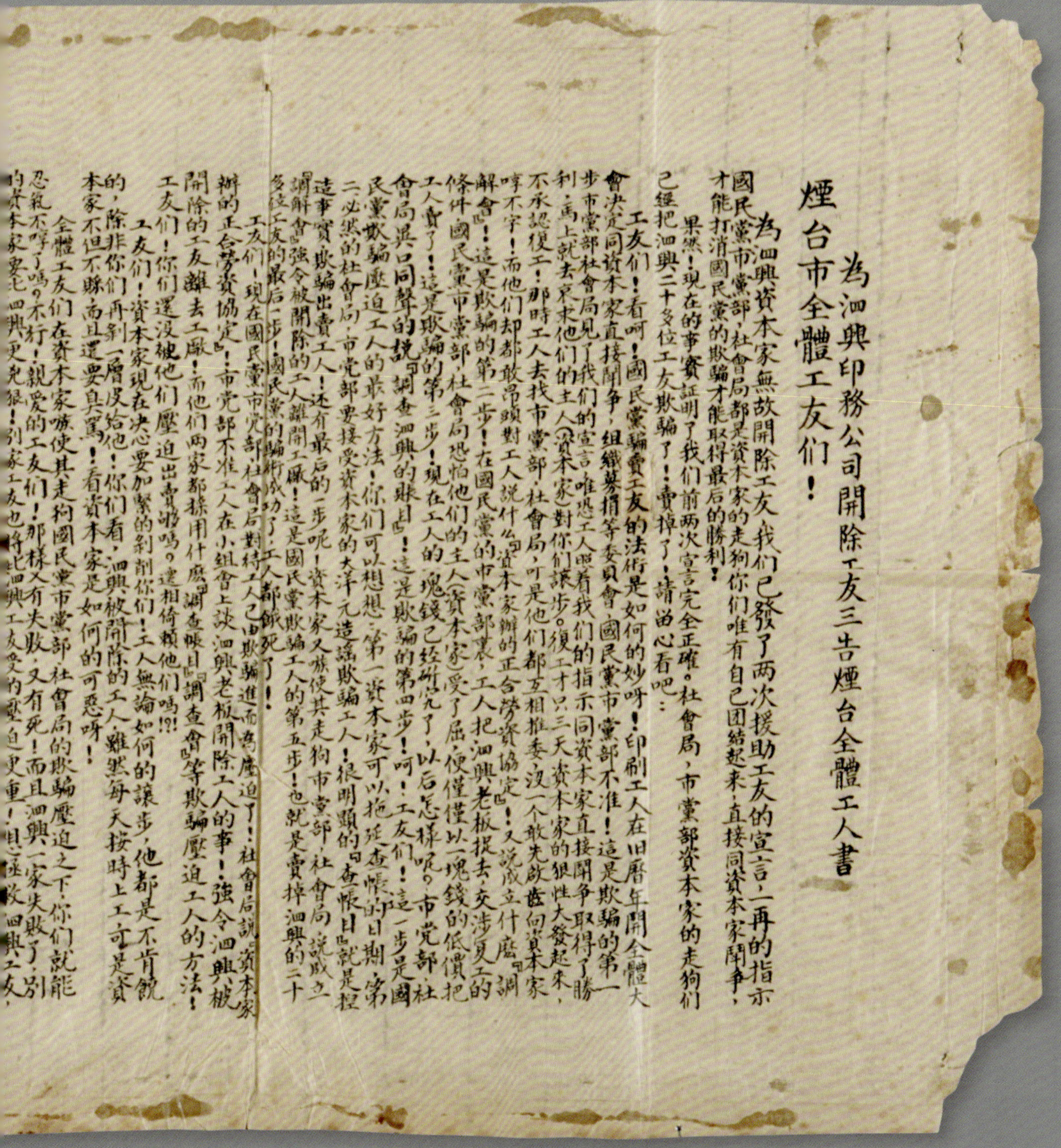

為泗興印務公司開除工友三告煙台全體工人書

煙台市全體工友们！

為泗興資本家無故開除工友，我们已發了两次援助工友的宣言，一再的指示國民黨市黨部，社會局都是資本家的走狗，你们唯有自己团結起来，直接同資本家鬦争，才能打消國民黨的欺騙才能取得最后的勝利！

果然！現在的事實証明了我们前两次宣言完全正確。社會局，市黨部資本家的走狗们已經把泗興二十多位工友欺騙了！賣掉了！請留心看吧：

工友们！看呵！國民黨騙賣工友的法術是如何的妙呀！印刷工人在旧曆年開全體大會決定同資本家直接鬦争，组織募捐等委員會。國民黨市黨部不准！這是欺騙的第一步。市黨部社會局見了我们的宣言，唯恐工人照着我们的指示同資本家直接鬦争取得了勝利，馬上就去哀求他们的主人（資本家）對你们讓步。復工才只三天資本家的狼性大發起来，不承認復工！那時工人去找市黨部，社會局，可是他们都互相推委沒一个敢先啟齒向資本家哼不字！而他们却都敢昂頭對工人說什么『資本家辦的正合勞資協定』！又說成立什麼『調解會』！這是欺騙的第二步！在國民黨的市黨部裏，工人把泗興老板捉去交涉复工的條件。國民黨市黨部，社會局恐怕他们的主人（資本家）受了屈，便僅僅以一塊錢的低價把工人賣了！這是欺騙的第三步！現在工人的一塊錢已经研究了，以后怎樣呢？市党部社會局異口同聲的說『調查泗興的賬目』！這是欺騙的第四步！呵！工友们！這一步是國民黨欺騙壓迫工人的最好方法，你们可以想想：第一資本家可以拖延查帳的日期，第二必然的社會局，市党部要接受資本家的大洋元造謠欺騙工人！很明顯的『查帳目』就是捏造事實欺騙出賣工人！还有最后的一步呢！資本家又嗾使其走狗市党部，社會局，說成立『調解會』強令被開除的工人離開工廠！這是國民黨欺騙工人的第五步！也就是賣掉泗興的二十多位工友的最后一步！國民黨的騙術成功了，工人都餓死了！

工友们！現在國民黨市党部，社會局對待工人已由欺騙進而為壓迫了！社會局說『資本家辦的正合勞資協定』！市党部不准工人在小組會上談泗興老板開除工人的事！強令泗興被開除的工友離去工廠！而他们两家都採用什麼『調查帳目』『調查會』等欺騙壓迫工人的方法！

工友们！你们還沒被他们壓迫出賣够嗎？還想倚賴他们嗎!?!

工友们！資本家現在決心要加緊的剝削你们！工人無論如何的讓步，他都是不肯饒的，除非你们再剝一層皮给他！你们看，泗興被開除的工人，雖然每天按時上工，可是資本家不但不睬而且還要臭駡！看資本家是如何的可惡呀！

全體工友们在資本家嗾使其走狗國民黨市黨部，社會局的欺騙壓迫之下，你们就能忍氣不哼了嗎？不打！親愛的工友们！那樣又有失敗，又有死！而且泗興一家失敗了，别的資本家要比泗興更兇狠！别家工友也將比泗興工友受的壓迫更重！但泗興工友，

冯玉祥

1882—1948

安徽巢县人，杰出的爱国将领，著名的军事家、政治家，中国共产党的挚友，历任国民革命军第二集团军总司令、察哈尔民众抗日同盟军总司令、国民政府军事委员会副委员长等职。1946 年赴美“考察水利”，参与创建中国国民党革命委员会（简称“民革”），任民革中央执行委员会常委、中央政治部委员会主任。冯玉祥积极促进抗日爱国力量的发展，参与福建事变，调停西安事变，主张以大局为重，释放蒋介石。卢沟桥事变发生后，冯玉祥抱着共赴国难的愿望，以军事委员会副委员长的身份，奔走各地，呼吁团结抗战。冯玉祥身经百战，在中国近代历史进程中的关键时刻作过重大贡献。他出身贫苦，对劳苦大众情深义重，对贪官污吏深恶痛绝，被世人称为“布衣将军”。

## 冯玉祥所购烟台永康造钟厂制“永”字牌机械台钟

1930年
烟台北极星钟表文化博物馆藏

1930年烟台永康造钟厂生产的木质圆头座钟，钟面“永”字牌商标。民国时期，爱国将领冯玉祥到钟厂参观后曾对烟台钟表的做工及技艺赞不绝口，并赋诗一首“无论钟，无论表，大家都说外国物件好。到烟台看钟表，机件既辉煌，运转又灵巧，谁说国货不如洋货好。”临走时，还购买四只钟留作己用。

民国时期，烟台宝时造钟厂的顺利发展，带动了烟台更多的民族资本投入制钟业，为扩大生产经营，1927年，从“宝时”分离的技术骨干创办了烟台第二家钟厂——永康造钟无限公司。牟经堂任经理，注册资金35000两白银。1928年3月，正式生产座挂钟，商标“永”字、“KJ”字，前者为国内销售用，后者为出口用。有了“宝时”基础，永康开业伊始便轻车熟路，主要仿照西欧国家的挂钟、台钟款式进行生产，其产品水平相比洋钟并不逊色，一年后产量就达到1万余只，并开始出口到东南亚国家。

## 李东山

1873—1946

名树桐，字东山，山东威海人。民族实业家，中国钟表制造工业创始人，北极星钟表的创始人。15岁时到烟台商家作学徒，因其勤俭而善谋逐渐积累资本。创办钟厂之前（时年32岁）经营德顺兴五金商铺。他从经营日产摆钟机器零件中产生了自己建厂制钟的想法。当时因钟表价格昂贵，人们只到店铺来观看欣赏，十分喜爱却无力购买。李东山心怀实业救国、挽回利权之志，因此下决心要制造出中国人自己的、老百姓能买得起的钟。

## 烟台宝时造钟厂制“宝”字牌“请用国货”字样机械挂钟

1930年

烟台北极星钟表文化博物馆藏

一百多年前，中国现代制钟工业在烟台发端。1915年，李东山与当地钟表修理店主唐志成共同创办了中国第一个机械钟表工厂，李东山任经理，唐志成任厂长兼技师，烟台也由此成为中国近代钟表工业发祥地，从而改写了中国作为世界上最早发明计时仪器的国家却被洋钟霸占市场的历史。由于技术上仍不过关，李东山数次远赴日本大阪马球钟表厂学习技术，并从日本购置机械设备运回国内用于生产。唐志成则在国内日夜钻研，拆卸日本生产的马球牌座钟，模仿试制。经过两年多的不懈努力和反复调试，1918年烟台宝时造钟厂生产出中国第一批注册商标为“宝”字牌的机械摆钟。

1919年由五四运动引发了全国性抵制日货运动。烟台商界成立“维持国货团”联合停止购销日货，提倡购买国货，大大激发了李东山实业救国的爱国之心。他积极加入维持国货团体，利用刚问世的“宝”字牌钟做抵制宣传，在其生产的每一台钟后面，都印有“请用国货”字样，并作出“永远保修”的承诺。在产品上公开表明制造者的政治态度，宣传爱国思想，在历史上都是少见。李东山此举不乏善于利用天时地利来发展事业的用心，但也说明了其拥有一颗正直善良中国人的爱国心。因其走时精准、价格低廉，“宝”字钟很快在胶东立住脚，畅销全国各地。1923年至1928年，全国各地连续爆发抵制日货运动，“宝”字钟以物美价廉的国货品牌出现，深受国人青睐，迅速在华北打开销路，并将多年盘踞在东北市场的日本马球钟挤出了中国市场，由此拉开了中国制钟业的序幕。1931年宝时造钟厂更名为德顺兴造钟厂。

## 陈少敏

1902—1977

女，原名孙肇修，山东寿光孙家集镇范于村人。1927年投身革命，1928年加入中国共产党。在抗日战争和解放战争的沙场上，她又是一员杰出的女将。中华人民共和国成立后，曾是中共第七届中央候补委员、第八届中央委员。生前曾任中华全国总工会副主席、中国纺织工会第一任主席等职。

## 大英烟草公司工人代表庞其昌使用的瓷印盒

1931年

青岛市博物馆藏

1919年，大英烟草公司在青岛商河路设立办事处，后来发展为大英烟草公司青岛分公司，人们常称为大英烟厂。英国资本家采用“以华治华”的办法，建立了一套由中国买办、监工、把头组成的统治体系剥削压榨工人。

1929年，中共青岛市委派山东寿光人陈少敏到大英烟厂组织工人运动。她以青岛市烟草公司女工身份掩护省委书记、同时也是她的丈夫任国桢从事革命活动。当年春节期间，陈少敏巧妙利用工人庞其昌与同厂女工刘素贞的婚礼组织革命活动。她假借“看媳妇闹洞房”的名义，让庞其昌联系了一些可靠的、影响力强的工友积极分子召开会议，进行思想发动，组织工会筹委会，并开始酝酿罢工。这就是山东烟草历史上有名的“洞房会议”。同年8月15日，青岛大英烟公司（厂）工会筹备委员会成立。9月2日，在中共青岛市委的组织领导下，青岛大英烟公司（厂）工会正式成立。1930年2月，由3名党员组成的大英烟厂中共党支部秘密成立，中心工作是发展党组织以及领导工人运动。1929—1931年，大英烟厂工会连续组织多次罢工，迫使英方资本家妥协，答应了工人提出的大部分要求，中共青岛市委领导下的大英烟厂工人运动取得胜利。

## 刘仲莹

1911—1938

山东莱芜人，莱芜党组织的奠基人，首任中共莱芜县委书记。1933年在中共山东省委遭到破坏，莱芜党组织与上级失掉联系后，刘仲莹冒死恢复党组织，并变卖家产，九死一生外出寻找上级党组织。在数次寻党无果的情况下，1935年冬与赵健民、鹿省三、黄仲华等人重建中共山东省委。1937年夏任中共鲁西北特委书记。1938年3月28日病逝，年仅27岁。

## 冯子华寄给刘仲莹家人的书信

1938年

济南市莱芜区博物馆藏

1938年3月刘仲莹临终前，他的革命战友冯子华（时任莘县县委宣传部部长）写给刘仲莹家人的一封信，共六页。信中饱含冯子华失去革命战友的无比悲痛，也见证了刘仲莹为革命事业鞠躬尽瘁、无私奉献的高尚品格。

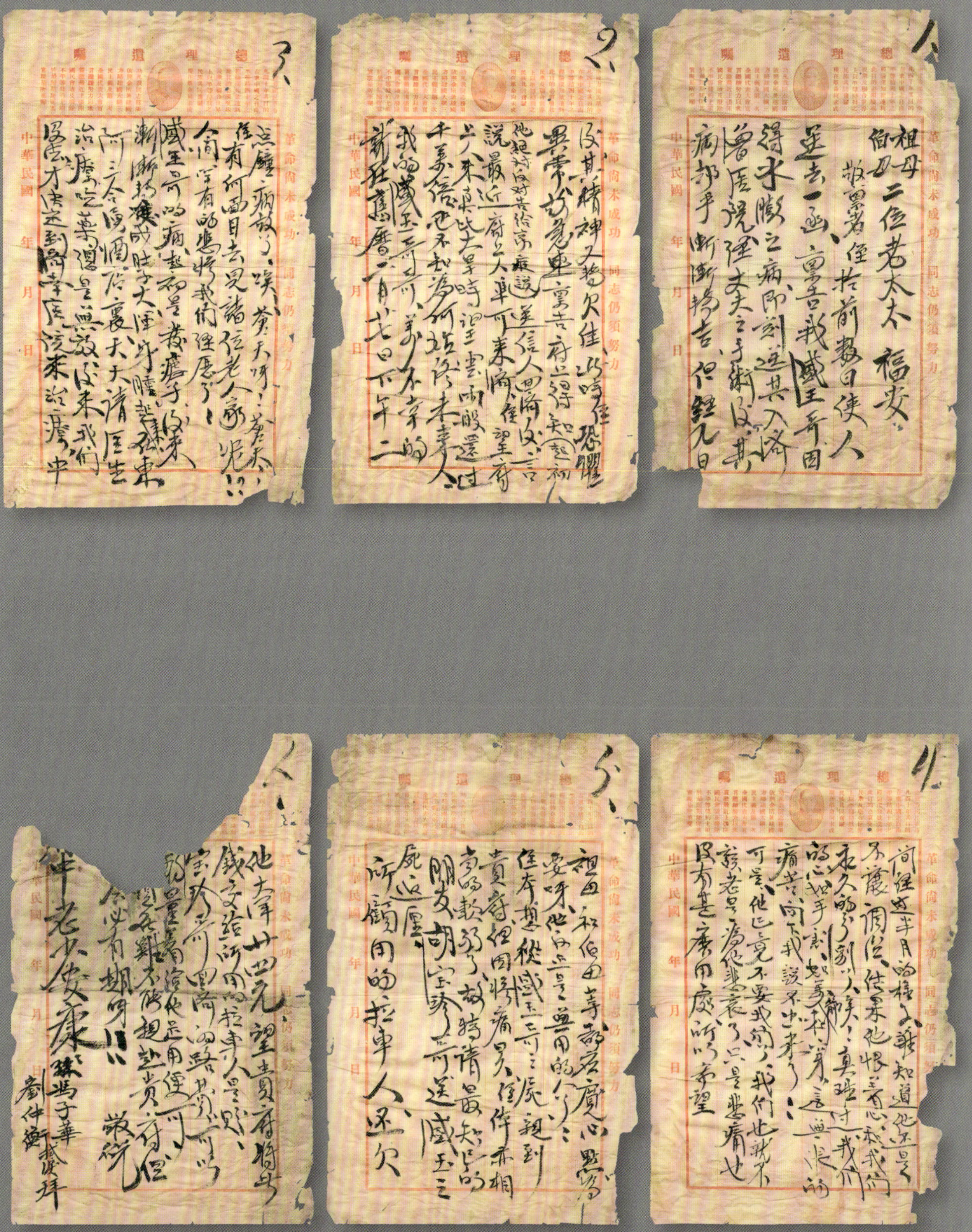

祖母
伯母 二位老太太 福安。
敬禀者，侄於前幾日使人送去一函，禀告我國臣哥因得水臌之病，即刻送其入協醫医院，經大夫之手術後，其病部手斷斷轉吉，但經九日

後，其精神又轉欠佳，此時侄恐懼異常，故急速禀告府上得知，起初他絕對反對告給家庭，說送信人回府後，言說最近府上人車下來，侄望府上人來，真比大旱時望雲雨般還過千萬倍，也不知為何故府上未來人。我的國臣二哥，竟不幸的於新歷二月廿七日下午二

點鐘病故了，唉，蒼天呀！！蒼天！侄有何面目去見諸位老人家呢！！命，字有的憑將我們經歷了：國臣哥的病，起初是發瘧子，後來漸漸轉變成肚子大，渾身腫起來，所以令傷住院裏，天天請醫生治療，吃藥，但是無效，後來我們又才決送到協和醫院治療中

間經過半月的樣子，誰知道他不是不饒潤後，結果他恨有心，我們永久的分割了！真殘付，我們的心，知手術，如是，講無限的痛苦，向下我說不出來了！！可是，他已竟不要我們了，我們也就不該老是為他悲哀了，只是悲痛也只有甚麼用處，所以希望

祖母、叔伯母等節哀寬心，點節哀呀！他死亦是無用的了！！侄本想從國臣二哥之屍親到貴府，但因將痛過，侄停亦相當的數別了，故特請最知己的朋友胡寶琴二哥送國臣之屍返里，所領用的我車人送欠

他大洋廿四元，望貴府將此錢交給所用的我車人是盼，寶琴二哥回南路費，二哥我已量着給他足用便可，侄身體不能親赴貴府，侄心必有期呀！！ 敬祝
合年老少安康
孫 馮子華
劉仲衡 叩拜

1936年4月，中共中央北方局派黎玉来山东恢复和重建省委。5月1日，中共山东省委重新成立。经历土地革命战争的血雨腥风后，山东党组织变得更加坚强。到全面抗战爆发前，山东省县级以上党的领导机构有近50个、党员近2000人，为领导全省人民抗日斗争奠定了组织基础。

山东省委成立旧址——四里山（今山东省济南市英雄山）

革命烈士纪念塔
毛泽东

第三章

# 左翼文化 峻墨雄文

民族危亡之际，在中国共产党的号召下，中国左翼作家联盟在上海成立。随后中国社会科学家、戏剧家、美术家、教育家联盟以及电影、音乐小组等左翼文化单位也相继成立，全中国掀起了左翼文化运动风潮。左翼文化运动是一条与党领导下的军事斗争遥相配合的文化战线，广泛传播了共产党的思想和理论。这一时期，山东文坛汇聚了以闻一多、王统照、老舍等为代表的革命知识分子，成就了山东文学的空前繁荣。

1930 年 3 月 2 日，中国左翼作家联盟（简称左联）在上海成立，鲁迅、冯雪峰、柔石等 40 余人出席了中国左翼作家联盟的成立大会。其时，左联下设马克思主义研究会、文艺大众化研究会等机构。从创立至 1936 年解散，左联在存续的六年时间内，团结了一大批进步作家，在理论、创作以及社会活动等多个方面，推动了中国现代文学的大发展，并且为中国现代革命文学的发展作出了不可磨灭的贡献。

中国左翼作家联盟会址纪念馆

## 蔷薇社出版《蔷薇》（半月刊）（第二、三、四期合刊）

1932年
山东博物馆藏

1932年在泰安出版的《蔷薇》杂志的第二期以及三、四期的合刊，其中刊登的文章反映出在九一八事变和一·二八事变后，共产党人对帝国主义势力、日本侵华势力的强烈不满，以及对国民党政府无能的批判。文章揭露了地主阶级、资产阶级对农民、工人的无情压榨，饱含着对劳苦大众遭受压迫的同情，语言辛辣有艺术性，有极强的革命性和战斗性。

《蔷薇》是在中央泰安特别支部的领导下，由武冠英、燕遇明、鲁宝瑛等人成立的蔷薇社发行的半文艺半政治的刊物，由燕遇明担任编辑。《蔷薇》为半月刊，每期十至十二页，十六开本，半公开发行，主要面向泰安的中小学生和教师，深得学生们的欢迎和支持。因其政治立场鲜明，战斗性强，多发表对当局批评尖锐的文章，故而在第四期就因“言语过激”被国民党县党部查封，停止出版。

武冠英又名武之奎、武一民、王太乙，山东肥城人。早期中共党员。1926年12月，武冠英加入中国共产党，1927年7月任中共东向支部委员。8月，中共泰安县委建立，任宣传委员，9月任书记。1928年5月，县委与上级失去联系，他以教学为掩护继续进行革命活动。期间参加创办中国共产党泰安特别支部的《蔷薇》杂志。1937年七七事变后，在家乡组织抗日游击队。山东西区人民抗敌自卫团成立后，被编为第十五大队，武冠英任大队教导员。之后，历任中共泰安县委书记，泰西地委统战部部长、民运部部长等职。1948年9月至1966年7月，历任冀鲁豫人民革命干部学校副校长、总支书记，华北财经学校校长、总支书记，中央财政金融学院教务长、党委副书记、监委书记、系主任等职。1979年任中央财政金融学院顾问。

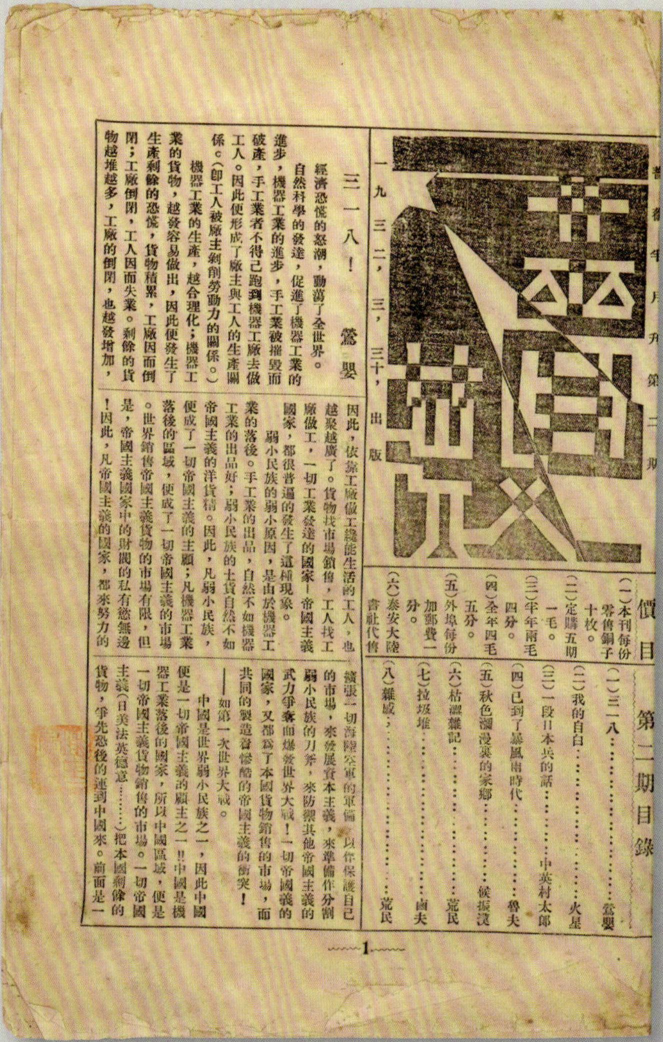

《寒鸦》杂志第一期以及第二期在泰安出版。杂志取名“寒鸦”，有在黑暗的雨夜中啼叫唤醒沉睡者，传达光明即将到来之意。刊登的诗文，反映出在九一八事变后对和平的渴望，呼吁工人反抗资产阶级的压迫，以及传达对东北抗联战士的关心，体现共产党人反对资产阶级剥削、反对国民党制造白色恐怖、反对日本侵略的强烈意愿。

1932年《蔷薇》杂志被查封后，泰安的学生运动不断发展，中央泰安县委开始加强对泰安县立师范党支部的领导，继续深入开展学生运动，组织学潮，反对国民党的统治，并由进步教师苏蕾生等人创办《寒鸦》杂志。《寒鸦》杂志继承了《蔷薇》杂志的战斗性和政治性，揭露国民党的罪恶，仅仅出版了两期便遭到了国民党当局的查封，主办人苏蕾生遭到暗杀。

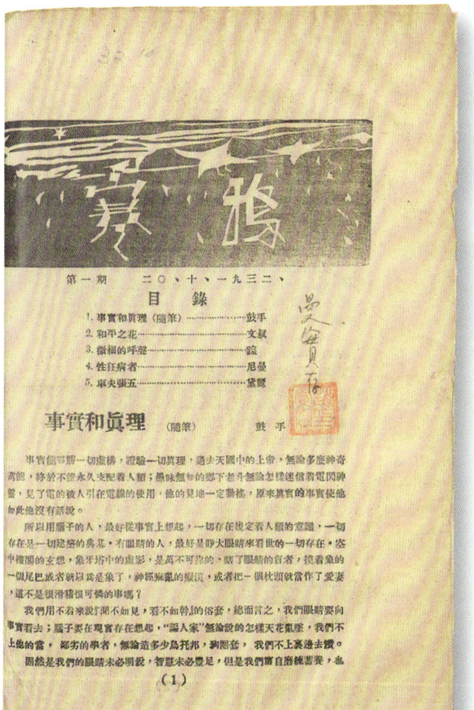
寒鴉

第一期　二〇、十、一九三二、

目錄



事實和真理（隨筆）　鼓手

事實能戰勝一切虛構，證驗一切真理，過去天國中的上帝，無論多麼神奇萬能，終於不能永久支配着人類；愚昧無知的鄉下老斗無論怎樣迷信着電閃神響，見了電的被人引在電線的使用，他的見地一定動搖，原來真實的事實使他如此絕沒有話說。

所以用腦子的人，最好從事實上想起，一切存在規定着人類的意識，一切存在是一切建築的奠基，有眼睛的人，最好是睜大眼睛來看世的一切存在，空中樓閣的玄想，象牙塔中的虛影，是萬不可靠的，瞎了眼睛的盲者，摸着象的一個尾巴或者就以為是象了，神經瘋亂的癡漢，或者把一個枕頭就當作了愛妻，這不是很滑稽很可憐的事嗎？

我們用不着來說"聞不如見，看不如幹"的俗套，總而言之，我們眼睛要向事實看去；腦子要在現實存在想起，"論人家"無論說的怎樣天花亂墜，我們不上他的當，鄙劣的學者，無論造多少烏托邦，夠圈套，我們不上裏邊去鑽。

固然是我們的眼睛未必明銳，智慧未必豐足，但是我們實自磨練蓄養，也

（1）

## 泰安县立师范寒鸦社出版《寒鸦》（第一期）

1932年10月20日
山东博物馆藏

内刊载鼓手《事实和真理》（随笔）、文叔《和平之花》、踪《微细的呼声》、尼曼《性狂病者》、黛丽《车夫张五》5篇文章。

不能盲目的上當，用黑布蒙上眼睛裝傻瓜。

一切問題從這裏說去，那就不容易無故陷於蒙蔽之網，原來一切存在規定人類的意識一切事實是事實，一切真理寵在事實中。

『九一八』日本帝國主義者進兵佔領了我們的東北，這就是事實，我們沒有到日本國土進兵，我們也沒有在他們國土內修鐵道賣海羅英，這也是事實，日帝國主義殘殺我們東北老百姓，把持一切權利，這也是事實，這還用得着講什麼真情實理，日本帝國主義就是帝國主義，佔領東北就是佔領東北，還用着什麼調查團，還講什麼報告書？

擴而言之說到現在全人類的問題，不管唯物史觀學者所費了多少解說，不管有人認為一切財物是贓贜，事實還是明擺在我們眼前，資本帝國主義用砲火殺人，壟斷全世界經濟，資本家坐在金山上看着多數人手中沒有一個銅片瞪着眼挨餓，理是沒有的！口舌是不用費的。

我們再看看有錢的人們的孩子，喫着什麼代乳粉，什麼人參湯…還僱些乳媽子，鄉下窮苦人家的孩子，母親的飢困的乳頭清水也沒有，每天只是乾咂手指頭，這是應該的嗎？人是一樣的人，孩子都是母親生的孩子啊！

豪紳見天吃着大衆的脂膏，睡在烟榻上吞雲吐霧，地主有的是天提着畫眉籠子大觀風景，大娘嫂子們哭喪着臉賣了雞蛋攏差錢，張三李四火熱太陽底下鋤田隴地頭烟就得不到吸，是是非非這不是明擺着嗎？講什麼剩餘價值，唯物辯證呢？

一個中學的某校員，第一班上課，學生問他是什麼論者，是不是唯物？他像被脅逼似的回答說是『唯饅頭！』這雖是一個笑話，却是真情實理，不過他得要知道，他是唯饅頭，社會上連高粱窩窩頭也沒得吃的，也是要唯饅頭啊！

南下軍隊打仗，都揭出光明正大正義的旗幟，學校裏學生和先生鬧風潮，兩邊各說各有理，但是理到底在誰那邊，到底在那裏呢？同樣的終究還是得歸到事實，等着事實來證明。

也許是因為各人的站的階層不同利點不同，而有不同的表露，但是在不同的階層裏，也有一個誰該生誰該死。

我這些話說來說去也是廢話，社會走着他的一定軌道，一切現實自然證明着人間的一切。

一九三二，十，十六日草

（2）

和平之花

文　叔

呵！我是一朵，一朵純潔的和平的雪花；
上帝命我們來掩蓋了這骯污穢的圖畫：
畫的那清靜的山河已充滿了喧嚷，
　　那美麗的花草也都已枯萎亂雜，
　　那清淡的大地上也都沾滿了鮮紅的血疤。
我們負着使命輕輕的飛下；
用我們的純白遮蓋了這不能整理的亂麻，
再用我們的血汗來栽培這新生命的萌芽。
　○　　○　　○
我們知道這是對萬物的慈愛並不是懲罰；
雖然我們用冷氣把萬物封鎖，
但我們都是用這方法來阻止人類的戰爭與殘殺。
雖然我們的力量是這樣的微小，
不能承當這重大責任的担壓，
但我們不惜犧牲了我們美麗的頭髮，
更不惜我們純潔的身體沾上了罪惡的塵沙；
但是我們總用我們的熱誠，
來期望着『和平之花』的到達。
　○　　○　　○
那知誰又能細心去渡過我們心中的海峽，
所以不久我們便變成了萬物怨恨的標靶；
開始便受他們的咒詛與讒諳，
但是我們寧肯忍受着盡力的掙扎；
誰知那殘忍的兇惡的太陽，
射出他那毒熱的光針向我們刺殺；
我們那有能力去抵抗，
只得漸漸把我們的生命融化。
仍然只能呆留着可憐的萬物，
殘忍地，兇惡地，在那裏掠奪爭霸！
　○　　○　　○

（3）

## 泰安县立师范寒鸦社出版《寒鸦》（第二期）

1932年10月20日
山东博物馆藏

内刊载《献给寒鸦》、《知道吧！我们的手是有力量的！》（专载）、《十四行》、《朋友们快奔前》、《X公司的M老板》、《太阳出来了》、《寄自南京》7篇文章。

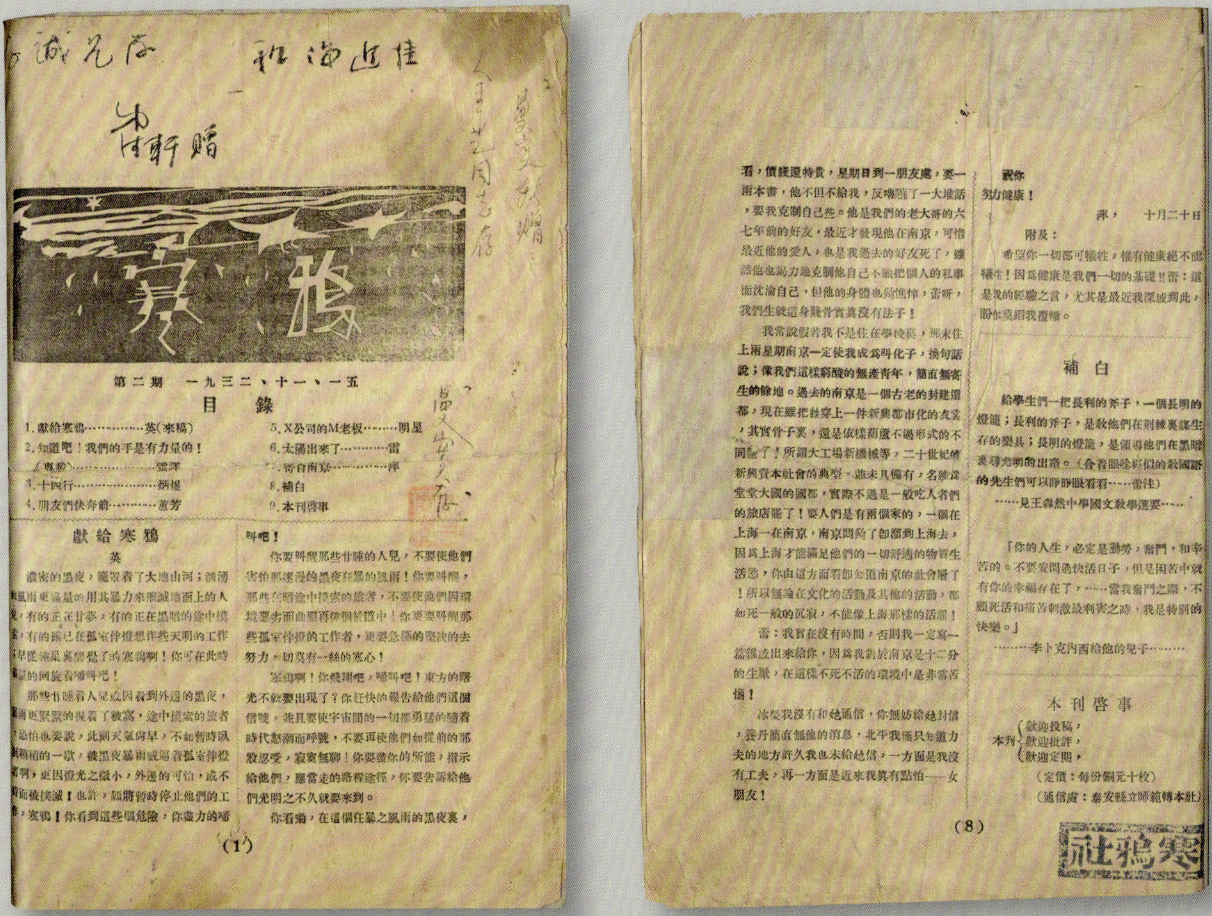

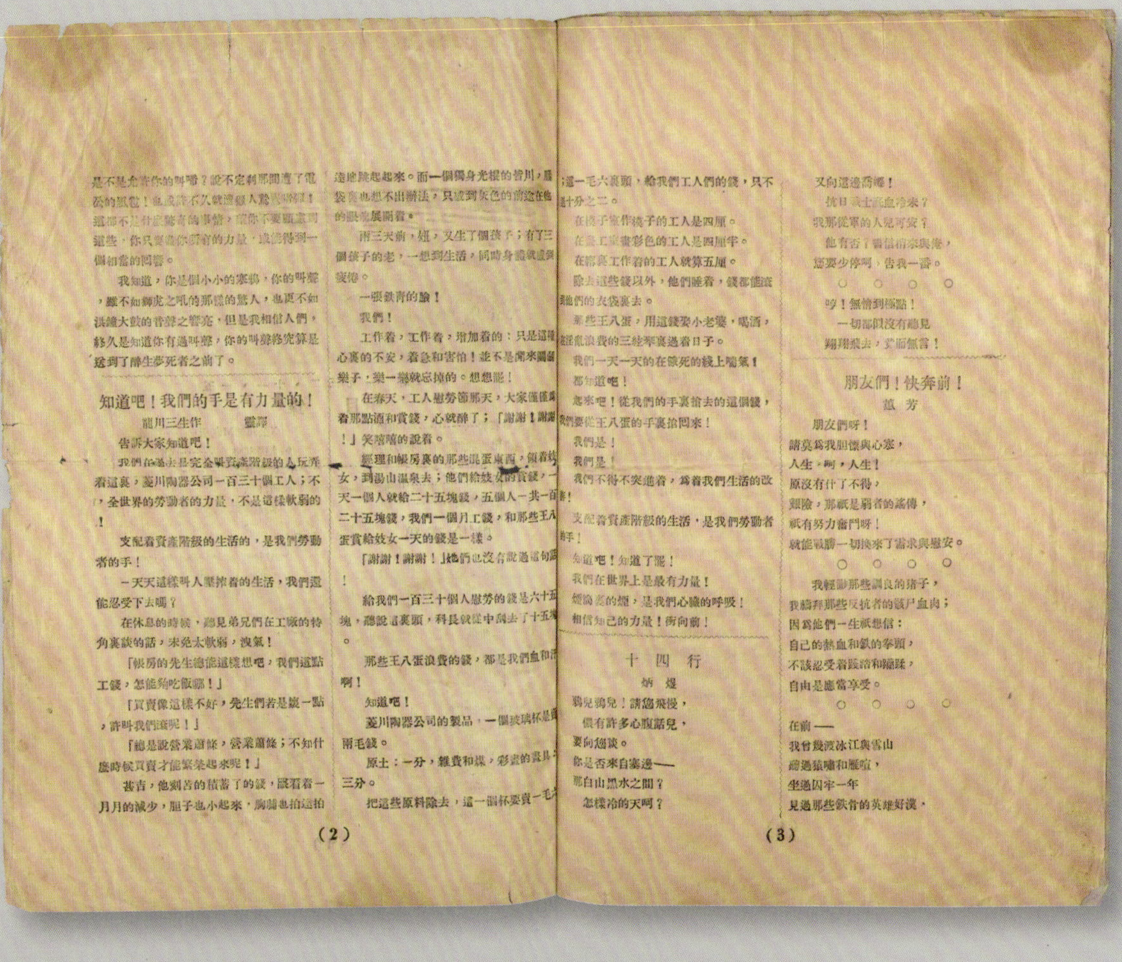

是不是允許你的呼嘯？說不定剎那間遭了電公的風雹！也或許不久就還給人驚[illegible]！還都不是什麼驚奇的事情，留你不要顧慮到這些，你只要盡你所有的力量，也能得到一個相當的回響。

我知道，你是個小小的寒鴉，你的叫聲，雖不如獅虎之吼的那樣的驚人，也更不如洪鐘大鼓的音聲之響亮，但是我相信人們，終久是知道你有過叫聲，你的叫聲終究算是送到了醉生夢死者之前了。

## 知道吧！我們的手是有力量的！

龍川三生作　　鹽譯

告訴大家知道吧！

我們在過去是完全受資產階級的人玩弄着這裏，菱川陶器公司一百三十個工人；不，全世界的勞動者的力量，不是這樣軟弱的！

支配着資產階級的生活的，是我們勞動者的手！

一天天這樣叫人壓搾着的生活，我們還能忍受下去嗎？

在休息的時候，聽見弟兄們在工廠的特角裏談的話，未免太軟弱，洩氣！

「帳房的先生總能這樣想吧，我們這點工錢，怎能夠吃飯哪！」

「買賣像這樣不好，先生們若是歲一點，許叫我們滾呢！」

「總是說營業蕭條，營業蕭條；不知什麼時候買賣才能繁榮起來呢！」

著吉，他刻苦的積蓄了的錢，眼看着一月月的減少，胆子也小起來，胸膈也拍這拍這地跳起起來。而一個獨身光棍的晋川，腦袋裏也想不出辦法，只感到灰色的前途在他的眼前展開着。

兩三天前，妞，又生了個孩子；有了三個孩子的老，一想到生活，同時身體就虛與疲倦。

一張鐵青的臉！

我們！

工作着，工作着，增加着的：只是這種心裏的不安，着急和害怕！並不是鬧來鬧去的樂子，樂一樂就忘掉的。想想罷！

在春天，工人慰勞節那天，大家僅僅喝着那點酒和賞錢，心就醉了；「謝謝！謝謝！」笑嘻嘻的說着。

經理和帳房裏的那些混蛋東西，領着妓女，到湯山溫泉去；他們給妓女的賞錢，一天一個人就給二十五塊錢，五個人一共一百二十五塊錢，我們一個月工錢，和那些王八蛋賞給妓女一天的錢是一樣。

「謝謝！謝謝！」她們也沒有說過這句話！

給我們一百三十個人慰勞的錢是六十五塊，聽說這裏頭，科長就從中剋去了十五塊。

那些王八蛋浪費的錢，都是我們血和汗啊！

知道吧！

菱川陶器公司的製品，一個玻璃杯是賣兩毛錢。

原土：一分，雜費和煤，彩畫的畫具三分。

把這些原料除去，這一個杯要賣一毛六；這一毛六裏頭，給我們工人們的錢，只不過十分之二。

(2)

在模子室作模子的工人是四厘。

在畫工室畫彩色的工人是四厘半。

在窯裏工作着的工人就算五厘。

除去這些錢以外，他們睡着，錢都能流進他們的衣袋裏去。

那些王八蛋，用這錢娶小老婆，喝酒，淫亂浪費的三絃琴裏過着日子。

我們一天一天的在餓死的綫上喘氣！

都知道吧！

起來吧！從我們的手裏搶去的這個錢，我們要從王八蛋的手裏搶回來！

我們是！

我們是！

我們不得不突進着，爲着我們生活的改善！

支配着資產階級的生活，是我們勞動者的手！

知道吧！知道了罷！

我們在世界上是最有力量！

煙囪裏的煙，是我們心臟的呼吸！

相信知己的力量！衝向前！

## 十　四　行

炳　煜

鴉兒鴉兒！請您飛慢，

儂有許多心腹話兒，

要向您談。

你是否來自塞邊——

那白山黑水之間？

怎樣冷的天啊？

又向這邊喬噀！

抗日義士流血冷未？

我那從軍的人兒可安？

他有否寄信捎來與俺，

您要少停啊，告我一番。

○　○　○　○

哼！無情到極點！

一切都似沒有聽見

翱翔飛去，黙而無言！

## 朋友們！快奔前！

蕙　芳

朋友們呀！

請莫爲我胆懷與心寒，

人生，啊，人生！

原沒有什了不得，

艱險，那祇是弱者的謠傳，

祇有努力奮鬥呀！

就能戰勝一切換來了需求與慰安。

○　○　○　○

我輕鄙那些馴良的猪子，

我膜拜那些反抗者的骸尸血肉；

因爲他們一生祇想信：

自己的熱血和鐵的拳頭，

不該忍受着踐踏和蹂躪，

自由是應當享受。

○　○　○　○

在前——

我曾幾渡冰江與雪山

聽過猿嘯和雁喧，

坐過囚牢一年

見過那些鐵骨的英雄好漢，

(3)

## 飞瀑剧社编印出版《激湍》（创刊号）

1934年1月1日
山东博物馆藏

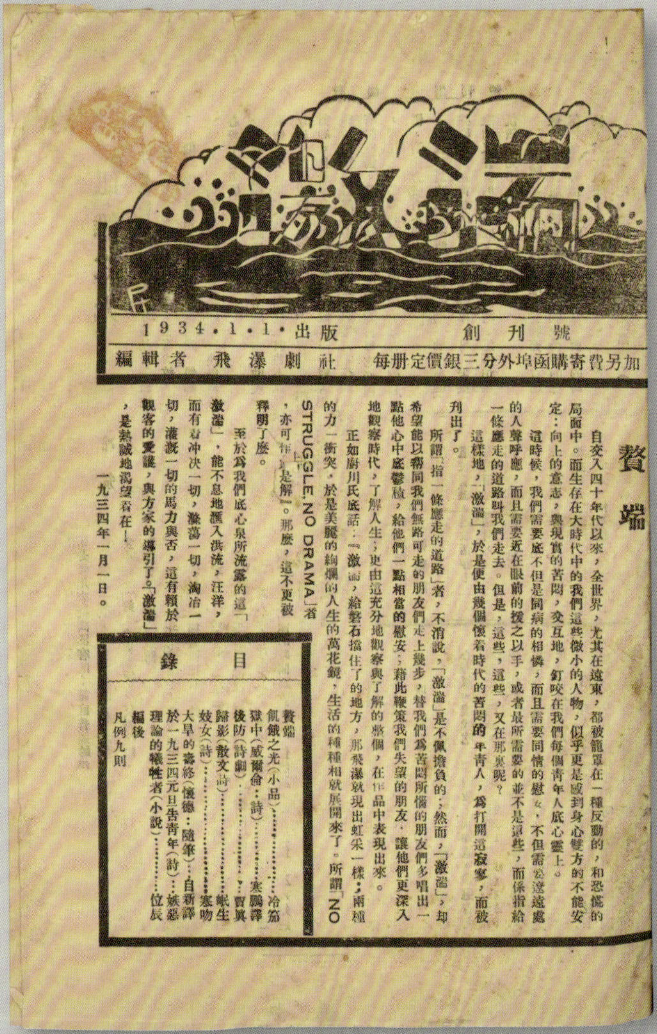

1934·1·1·出版 創刊號

編輯者 飛瀑劇社 每册定價銀三分外埠函購寄費另加

### 贅端

自交入四十年代以來，全世界，尤其在遠東，都被籠罩在一種反動的，和恐慌的局面中。而生存在大時代中的我們這些微小的人物，似乎更是感到身心雙方的不能安定：向上的意志，與現實的苦悶，交互地，釘咬在我們每個青年人底心靈上。

這時候，我們需要底不但是同病的相憐，而且需要同情的慰安，不但需要遼遠處的人聲呼應，而且需要近在眼前的援之以手，或者最所需要的並不是這些，而係指給一條應走的道路叫我們走去。但是，這些，這些，又在那裏呢？

這樣地，「激湍」，於是便由幾個懷着時代的苦悶的年青人，爲打開這寂寥，而被刊出了。

所謂「指一條應走的道路」者，不消說，「激湍」是不佩擔負的；然而，「激湍」，却希望能以帮同我們無路可走的朋友們走上幾步，替我們爲苦悶所惱的朋友們多唱出一點他心中底鬱積，給他們一點相當的慰安；藉此鞭策我們失望的朋友，讓他們更深入地觀察時代，了解人生；更由這充分地觀察與了解的整個，在作品中表現出來。

正如廚川氏底話：『激湍，給磐石擋住了的地方，那飛瀑就現出虹采一樣；兩種的力一衝突，於是美麗的絢爛的人生的萬花鏡，生活的種種相就展開來了。所謂「NO STRUGGLE, NO DRAMA」者，亦可作[illegible]是解』。那麼，這不更被釋明了麼。

至於爲我們底心泉所流露的這「激湍」，能不息地滙入洪流，汪洋，而有力冲決一切，滌蕩一切，淘冶一切，灌溉一切的馬力與否，這有賴於觀客的愛護，與方家的導引了。「激湍」，是熱誠地渴望着在！

一九三四年一月一日。

目錄

飞瀑剧社1934年1月1日出版，收录的文章有冷�《饥饿之光》、威尔伦《狱中》（寒鹏译）、贾真《后防》、岷生《归影》、怀德《大旱的寿终》（自新译）、嫉恶《于一九三四元旦告青年》、位辰《理论的牺牲者》等。其中威尔伦即保罗·魏尔伦（1844—1896年），法国诗人，象征派先驱，其擅长抒情诗，注重音乐性，代表作有《佳节集》《智慧集》等。《狱中》一诗以监外欢悦的生活和牢房幽闭的生活相对照，感情真挚，意境深远。

《激湍》旨在为时代困惑的年轻人指一条明路，给予其安慰，鼓励其不怕困难勇往直前，在与困难斗争中绽放自己梦想的彩虹。

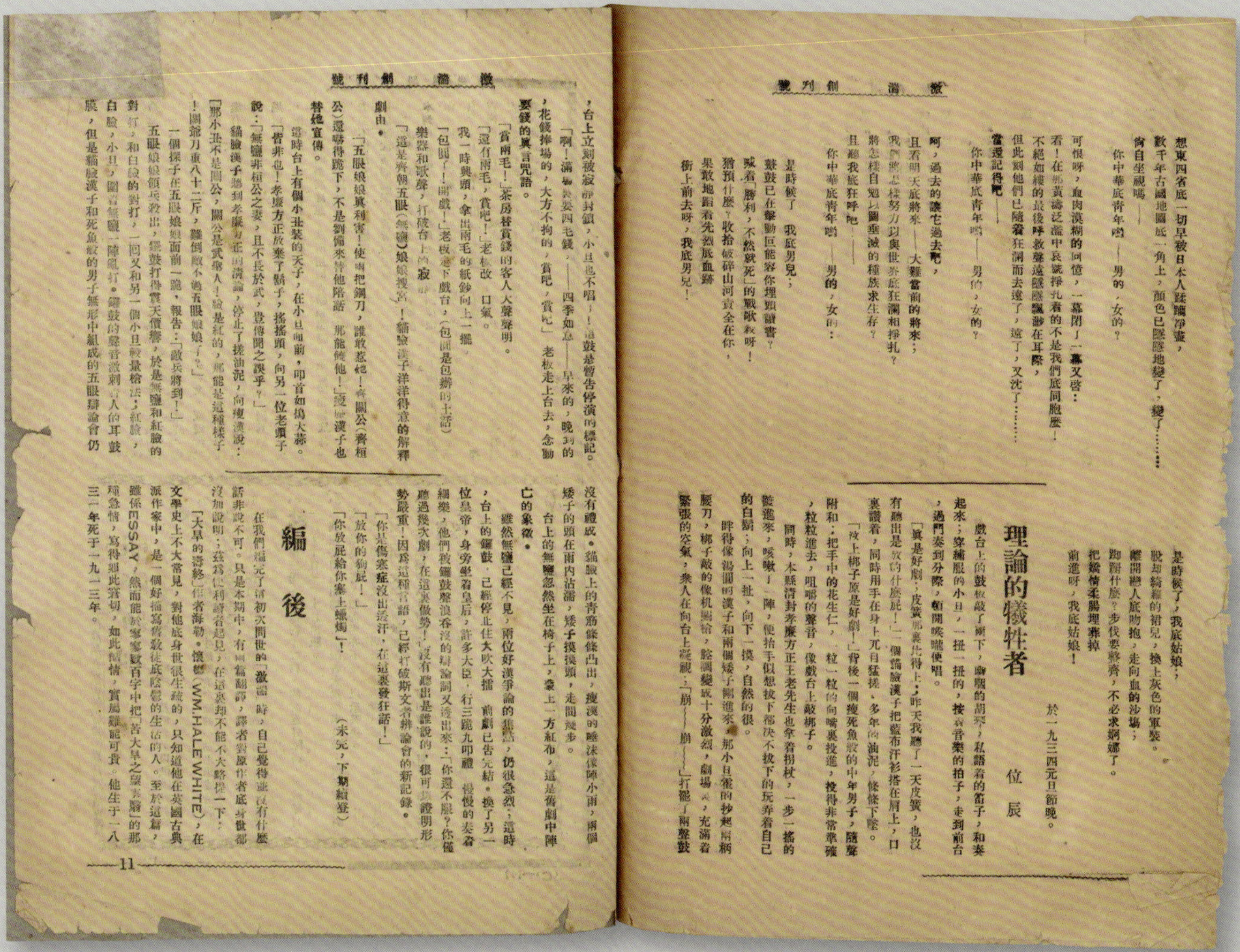

激湍　創刊號

想東四省底一切早被日本人蹂躪淨盡，
數千年古國地圖底一角上，顏色已隱隱地變了，變了……
倘自坐視嗎——
你中華底青年哟——男的，女的？

可恨呀，血肉漠糊的回憶，一幕閉了一幕又啓：
看！在那黃濤泛濫中哀號掙扎着的不是我們底同胞麼！
不絕如縷的最後呼救聲遠隱隱飄渺在耳際，
但此刻他們已隨着狂瀾而去遠了，遠了，又沈了……
當還記得吧——
你中華底青年哟——男的，女的？

阿，過去的讓它過去吧，
且看明天底將來——大難當前的將來；
我們應怎樣努力以與世界底狂瀾相掙扎？
將怎樣自勉以圖垂滅的種族求生存？
且聽我底狂呼吧……
你中華底青年哟——男的，女的：

是時候了，我底男兒；
鼙鼓已在擂動巨能容你埋頭讀書？
喊着「勝利，不然就死」的戰歌衝呀！
猶預什麼？收拾破碎山河責全在你，
果敢地蹈着先烈底血跡
衝上前去呀，我底男兒！

是時候了，我底姑娘；
脫却綺羅的裙兒，換上灰色的軍裝。
離開戀人底吻抱，走向血的沙場；
躑躅什麼？步伐要整齊，不必求婀娜了。
把纏綿情柔腸埋葬掉
前進呀，我底姑娘！

於一九三四元旦前晚。

理論的犧牲者

位辰

戲台上的鼓板敲了兩下，幽咽的胡琴，私語着的笛子，和奏起來；穿繡服的小丑，一扭一扭的，按着音樂的拍子，走到前台，過門奏到分際，頓開喉嚨便唱。

「眞是好劇，皮簧那裏比得上，昨天我聽了一天皮簧，也沒有聽出是放的什麼屁！」一個貓臉漢子把藍布汗衫搭在肩上，口裏讚着，同時用手在身上兀自猛撓，多年的油泥，條條下墜。

「孜上梆子原是好劇！」背後一個瘦死魚般的中年男子，隨聲附和，把手中的花生仁，一粒一粒的向嘴裏投進，投得非常準確，粒粒進去，咀嚼的聲音，像戲台上敲梆子。

同時，本縣清封孝廉方正王老先生也拿着拐杖，一步一搖的踱進來，咳嗽了一陣，便抬手似想拔下都決不拔下的玩弄着自己的白鬚；向上一扯，向下一摸，自然的很。

胖得像湯圓的漢子和兩個矮子闖進來，那小丑霍的抄起兩柄腰刀，梆子敲的像机關槍，腔調變成十分激烈，劇場裏，充滿着緊張的空氣，衆人在向台上凝視，「崩～～崩～～」打罷了兩聲鼓，台上立刻被寂靜封鎖，小丑也不唱了！這鼓是暫告停演的標記。

「啊！滿[illegible]要四毛錢，——四季如意——早來的，晚到的，花錢捧場的，大方不拘的，賞吧，賞吧」老板走上台去，念動要錢的眞言咒語。

「賞兩毛！」茶房替賞錢的客人大聲聲明。

「還有兩毛，賞吧！」老板改口氣。

我一時興頭，拿出兩毛的紙鈔向上一擺，

「包圓了！開戲！」老板走下戲台，（包圓是包辦的土話）樂器和歌聲，打破台上的寂靜。

「這是齊頓五眼（無鹽）娘娘搜宮」！貓臉漢子洋洋得意的解釋劇由。

「五眼娘娘眞利害！使兩把鋼刀，誰敢惹她！齊關公（齊桓公）還嚇得跪下，不是劉備來替他陪話，那能饒他！」瘦死漢子也替她宣傳。

這時台上有個小丑裝的天子，在小旦面前，叩首如搗大蒜。

「皆非也！孝廉方正放棄了鬍子，搖搖頭，向另一位老頭子說：「無鹽非桓公之妻，且不長於武，豈傳聞之誤乎？」

貓臉漢子聽到孝廉方正的清論，停止了搓油泥，向瘦漢說：「那小丑不是關公，關公是武舉人！臉是紅的，那能是這種樣子！關爺刀重八十二斤，雖倒敵不過五眼娘娘了？」

一個探子在五眼娘娘面前一跪，報告：「敵兵將到！」

五眼娘娘領兵殺出，鑼鼓打得震天價響，於是無鹽和紅臉的對打，和白臉的對打，一回又和另一個小丑較量槍法；紅臉，白臉，小丑，圍着無鹽一陣亂打。鑼鼓的聲音激刺着人的耳鼓膜，但是貓臉漢子和死魚般的男子無形中組成的五眼辯論會仍沒有禮成。貓臉上的青筋條條凸出，瘦漢的唾沫像陣小雨，兩個矮子的頭在兩內沾濡，矮子摸摸頭，走開幾步。

台上的無鹽忽然坐在椅子上，桑上一方紅布，這是舊劇中陣亡的象徵。

雖然無鹽已經不見，兩位好漢爭論的焦點，仍很急烈；這時，台上的鑼鼓，已經停止住大吹大擂，前劇已告完結。換了另一位皇帝，身旁坐着皇后，許多大臣，行三跪九叩禮，慢慢的奏着細樂，他們被鑼鼓聲淹沒的辯論詞又透出來：「你還不服？你僅聽過幾次劇，在這裏做勢！」沒有聽出是誰說的，很可以證明形勢嚴重！因爲這種言語，已經打破斯文者辨論會的新記錄。

「你是傷寒症沒出透汗，在這裏發狂話！」

「放你的狗屁！」

「你放屁給你塞上蠟燭」！

（未完，下期續登）

編後

在我們編完了這初次問世的「激湍」時，自己覺得並沒有什麼話非說不可。只是本期中，有兩篇翻譯，譯者對原作者底身世都沒加說明；茲爲便利讀者起見，在這裏却不能不大略提一下：

「大旱的壽終」作者海勒・懷德（WM.HALE WHITE），在文學史上不大常見，對他底身世很生疏的，只知道他在英國古典派作家中，是一個好描寫舊教徒底陰鬱的生活的人。至於這篇，雖係ESSAY，然而能於寥寥數百字中把「苦大旱之望雲霓」的那種急情，寫得如此確切，如此纏情，實屬難能可貴。他生于一八三一年死于一九一三年。

——11——

## 大众书店印行、王亚编《东北抗日烈士传》

1935年
山东博物馆藏

扉页印“敬献此书于诸抗日救国烈士之灵前”，序言称赞东北、华北等地的抗日战争“虽然都只是局部的非全国的先后爆发的抗日战争，但是已经表现出中华民族的伟大力量，使日敌寒心丧胆，感觉莫大之困难”。收录有邓铁梅、吉鸿昌等诸烈士纪传。

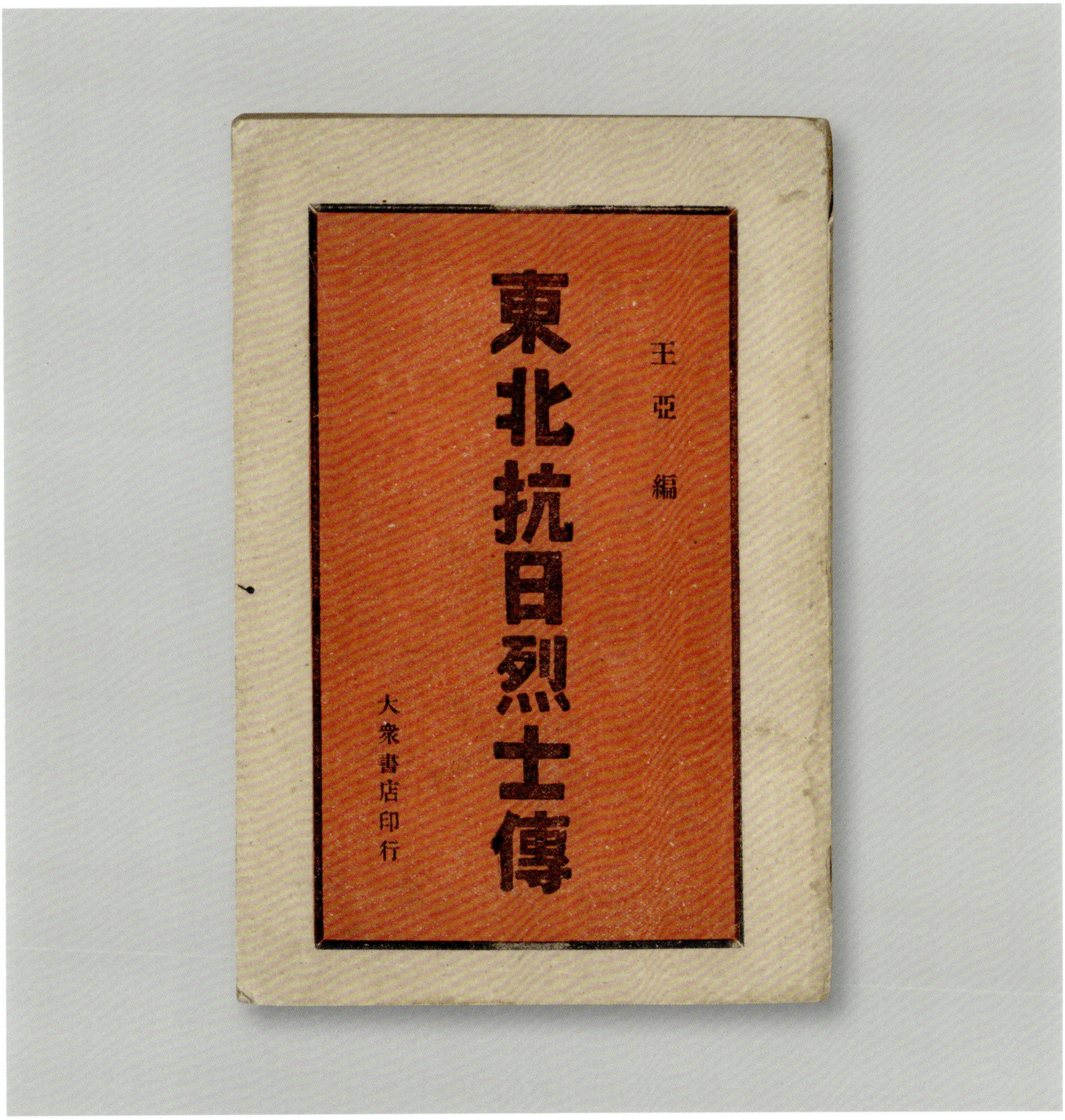

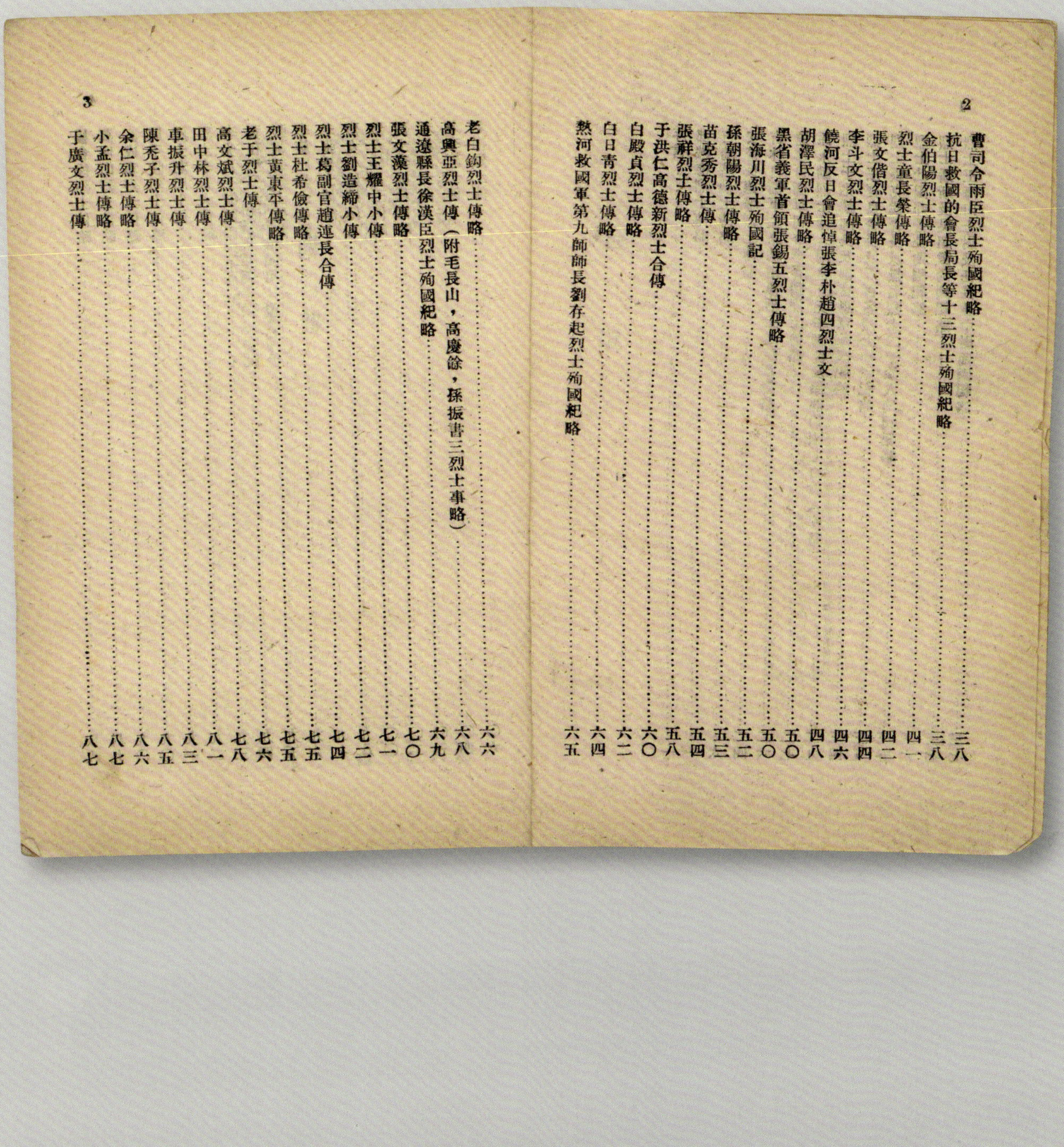

2



3

## 陈伯衡

1906—1939

曾用名陈宪璇，笔名行鱼。山东汶上人。高小毕业后，考入济南第一师范，积极参加学生运动。1930年后，以优异的成绩考入北京大学经济系。九一八事变后，他参加了北平大学组织的赴南京请愿活动，遭到国民党反动政府的镇压。在以后的学习和活动之余，他通读了《资本论》等进步书刊，逐步接受了马克思主义思想。北大毕业后，陈伯衡被济南齐光中学聘为教务主任，并成为《齐光校刊》的主要撰稿人，革命思想更加积极活跃。1936年10月，鲁迅先生逝世，陈伯衡在《齐光校刊》上撰写了《鲁迅先生的战绩和思想》《目前教育的危机》等多篇战斗檄文，发扬鲁迅精神，与日本侵略者战斗到底。

1937年10月，日军逼近济南，陈伯衡随流亡师生南撤到老家汶上，决定留在家乡，开展武装抗日斗争。随后，他和共产党员刘星等人在汶上县的永安寺发动了起义，建立了汶上县人民抗日自卫队。1939年春天，陈伯衡光荣地加入了中国共产党。后任挺进队队长、东进梯队司令员、六支队第一团团长等职。在党的领导下，他率领部队转战于汶上、东平、聊城等地，狠狠打击了日本侵略者。同年2月，陈伯衡率六支队一团攻下泰安（西）薛家岭据点。同年3月22日，陈伯衡奉命率领部队赴东平县的郑海村阻击日军，八路军一一五师的迫击炮排也参加了战斗，激战一直持续了五个多小时，陈伯衡不幸被日军发射的炮弹击中，壮烈牺牲。战斗结束后，八路军一一五师在东平县常庄召开了一万多人参加的追悼会，中共鲁西区特委书记段君毅主持追悼大会，一一五师代师长陈光致悼词。

## 济南齐光中学校刊委员会编印《齐光校刊》（第四期）

1936年12月16日
山东博物馆藏

济南齐光中学校刊委员会编印的《齐光校刊》（第四期），由蒋梦麟题刊。开篇是署名伯衡写的《目前教育的危机》。伯衡即陈伯衡，被认为从北大出走的早期鲁西南抗日英雄，通过《齐光校刊》积极宣传革命思想。

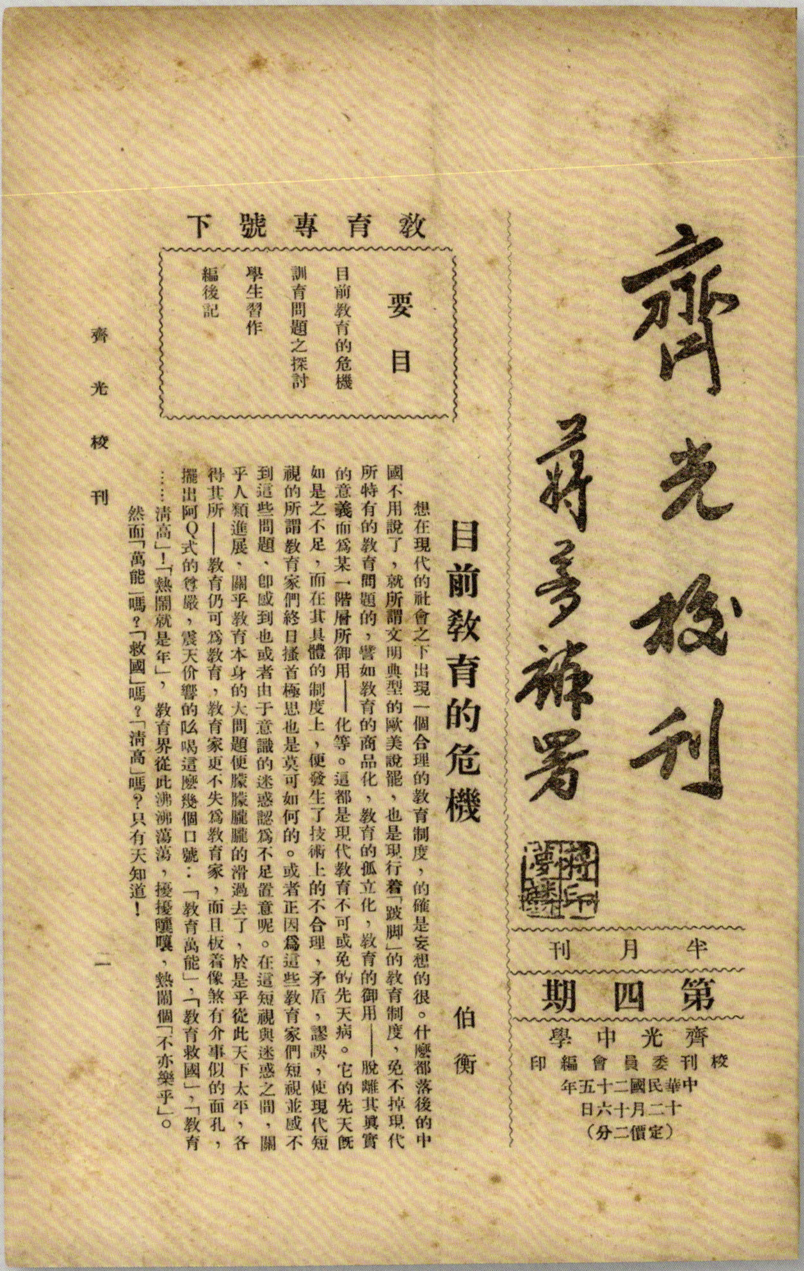
齊光校刊

蔣夢麟署

半月刊

第四期

齊光中學
校刊委員會編印
中華民國二十五年
十二月十六日
（定價二分）

教育專號下

要目

目前教育的危機
訓育問題之探討
學生習作
編後記

### 目前教育的危機

伯衡

想在現代的社會之下出現一個合理的教育制度，的確是妄想的很。什麼都落後的中國不用說了，就所謂文明典型的歐美說罷，也是現行着「跛脚」的教育制度，免不掉現代所特有的教育問題的，譬如教育的商品化，教育的孤立化，教育的御用——脫離其眞實的意義而爲某一階層所御用——化等。這都是現代教育不可或免的先天病。它的先天旣如是之不足，而在其具體的制度上，便發生了技術上的不合理，矛盾，謬誤，使現代短視的所謂教育家們終日搔首極思也是莫可如何的。或者正因爲這些教育家們短視並感不到這些問題，即感到也或者由于意識的迷惑認爲不足置意呢。在這短視與迷惑之間，關乎人類進展，關乎教育本身的大問題便朦朦朧朧的滑過去了，於是乎從此天下太平，各得其所——教育仍可爲教育，教育家更不失爲教育家，而且板着像煞有介事似的面孔，擺出阿Q式的尊嚴，震天价響的吆喝這麼幾個口號：「教育萬能」，「教育救國」，「教育……清高」！「熱鬧就是年」，教育界從此沸沸蕩蕩，擾擾嚷嚷，熱鬧個「不亦樂乎」。然而「萬能」嗎？「救國」嗎？「清高」嗎？只有天知道！

齊光校刊 二

## 抗战文化社出版《抗战文化汇刊》（第一集）

1937年11月
山东博物馆藏

抗战文化社1937年11月出版，刊载文章有《中国共产党为公布国共合作宣言》《国共两党统一战线成立后中国革命的迫切任务》及王首道《出动中的第八路军》《红军出师抗日誓词》《各方致八路军贺电》等。其中《国共两党统一战线成立后中国革命的迫切任务》，于1937年10月2日发表于《解放》周刊第18期。文章回顾了中国共产党为达成第二次国共合作所做的努力，强调抗日需要一个充实的统一战线，需要一个共同纲领。文章提出，全国一切不愿当亡国奴的同胞应在国共两党的基础上团结起来，实行一切必要的改革来战胜一切困难，这是今日中国革命的迫切任务。

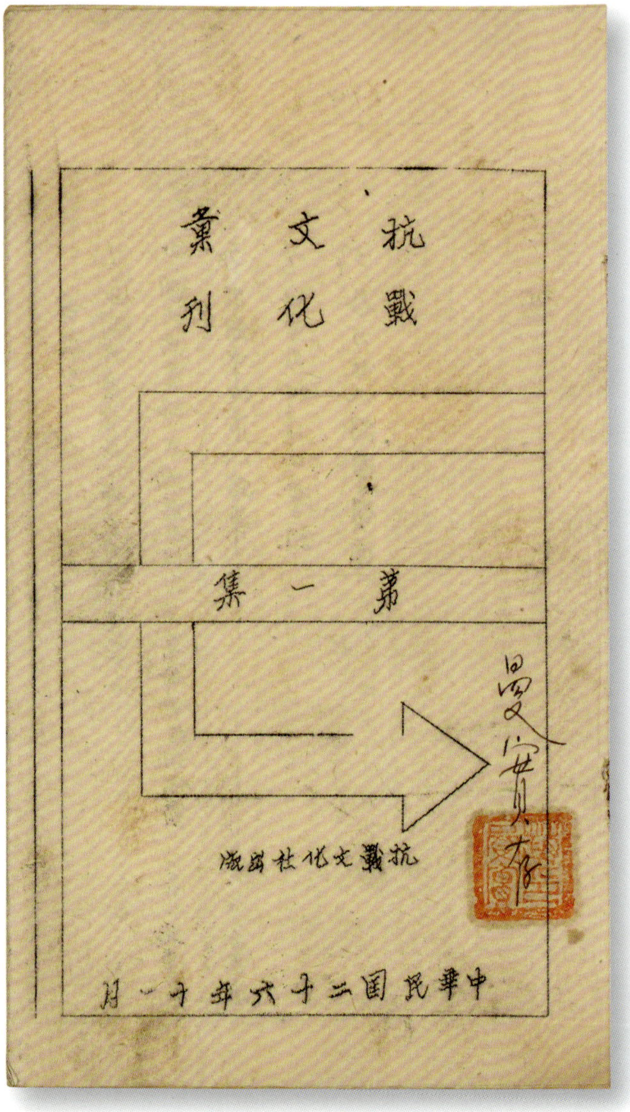

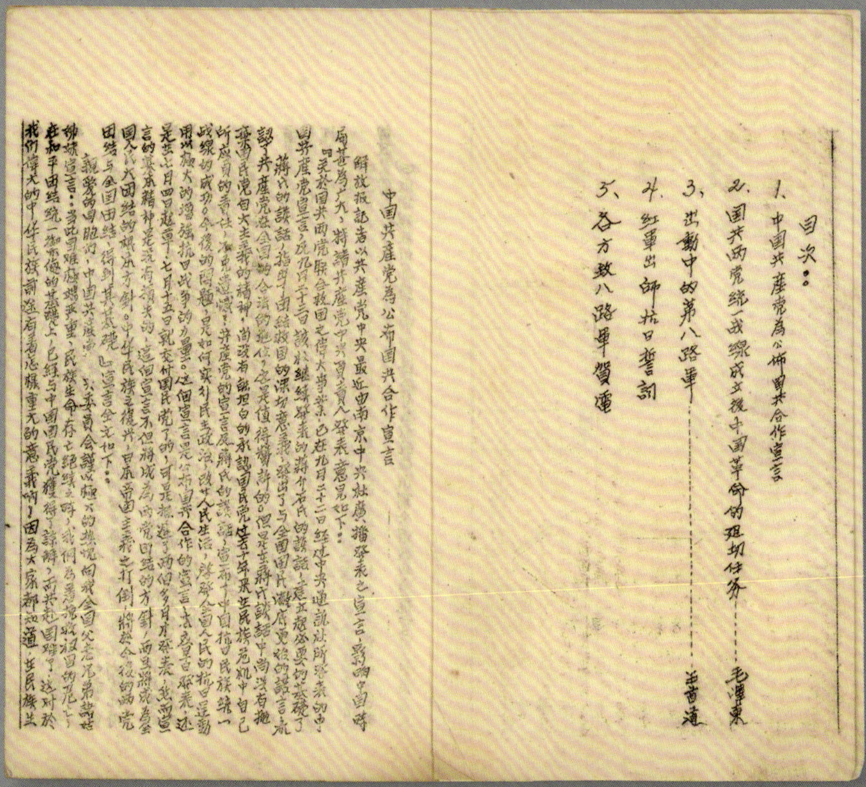
目次：
1、中国共产党为公布国共合作宣言
2、国共两党统一战线成立后中国革命的迫切任务……毛泽东
3、出动中的第八路军
4、红军出师抗日誓词
5、各方致八路军贺电
中国共产党为公布国共合作宣言

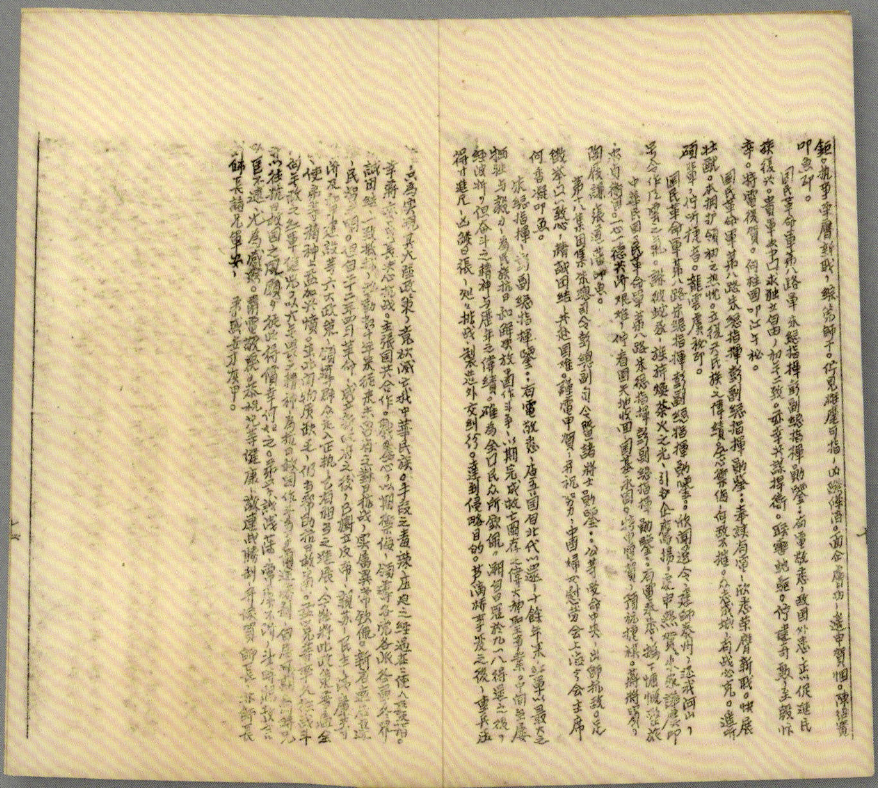

## 山东流传的文学社、中流社、文季社、译文社合编出版《呐喊》（创刊号）

1937年8月22日

山东博物馆

《呐喊》（创刊号）出版于1937年8月22日，茅盾为创刊献词《站上各自的岗位》，共发表10篇文章，包含社中同人茅盾、郭源新（郑振铎）、巴金、王统照、靳以、黎烈文、黄源作品8篇，邀请外稿2篇（胡风、萧乾）。按文体分类，诗歌1篇（黎烈文），速写2篇（王统照、黄源），其余为杂感。这本《呐喊》在山东地区流传保存至今。

《呐喊》是1937年8月22日茅盾和巴金等人自筹资金在上海创办，茅盾任主编，巴金为发行人，是文学社、中流社、文季社、译文社（此四社堪称占据上海文艺期刊的半壁江山）的战时联合刊物。《呐喊》仅出2期即遭查抄，经历了多次停刊和复刊。1937年9月5日第3期起改名《烽火》，1937年11月停刊。1938年5月1日，经全力筹措，改为旬刊在广州复刊，同年10月11日，出至二十期，在日军炮火轰炸下，被迫停刊，连同《呐喊》在内，共出22期。该刊是抗战时期出版最早的重要文艺刊物之一，是有较大影响的左翼文学刊物，刊有抗日救亡小说、诗歌、杂文、木刻、报告等多种形式的作品，号召将士和民众奋起抵抗，为民族的独立和自由而战，在烽火连天的岁月里发挥了重要的宣传作用。

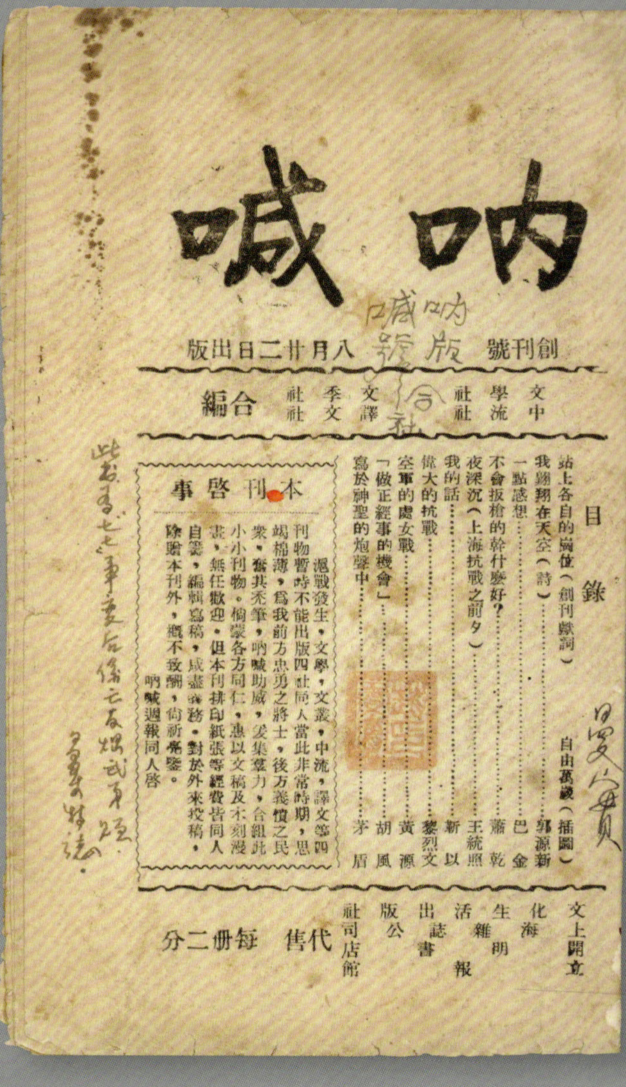
吶喊

創刊號 八月廿二日出版

文學社 中流社 文季社 譯文社 合編

目錄

站上各自的崗位（創刊獻詞） 自由萬歲（插圖）

我翱翔在天空（詩）…… 郭源新

一點感想…… 巴金

不會扳槍的幹什麼好？…… 蕭乾

夜深沉（上海抗戰之前夕）…… 王統照

我的話…… 靳以

偉大的抗戰…… 黎烈文

空軍的處女戰…… 黃源

「做正經事的機會」…… 胡風

寫於神聖的炮聲中…… 茅盾

本刊啟事

滬戰發生，文學，文叢，中流，譯文等四刊物暫時不能出版，四社同人當此非常時期，思竭棉薄，為我前方忠勇之將士，後方義憤之民衆，奮其禿筆，吶喊助威，爰集羣力，合組此小小刊物。倘蒙各方同仁，惠以文稿及木刻漫畫，無任歡迎。但本刊排印紙張等經費皆同人自籌，編輯寫稿，咸盡義務，對於外來投稿，除贈本刊外，概不致酬，尚祈亮鑒。

吶喊週報同人啓

文化生活出版社 上海雜誌公司 開明書店 立報館 代售 每冊二分

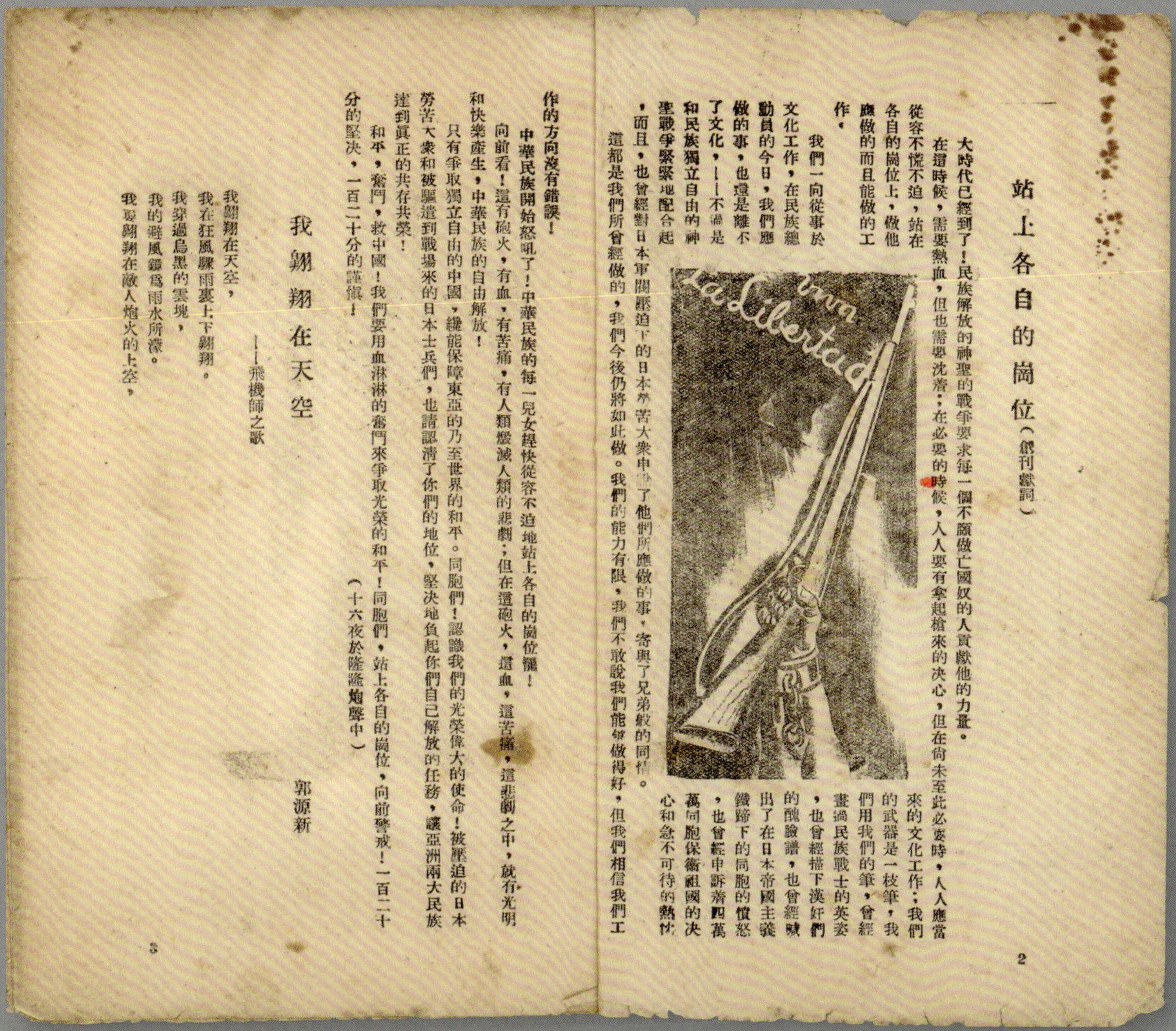

## 站上各自的崗位（創刊獻詞）

大時代已經到了！民族解放的神聖的戰爭要求每一個不願做亡國奴的人貢獻他的力量。

在這時候，需要熱血，但也需要沈着，在必要的時候，人人要有拿起槍來的決心，但在尚未至此必要時，人人應當從容不慌不迫，站在各自的崗位上，做他應做的而且能做的工作。

我們一向從事於文化工作，在民族總動員的今日，我們應做的事，也還是離不了文化，——不過是和民族獨立自由的神聖戰爭緊緊地配合起來的文化工作；我們的武器是一枝筆，我們用我們的筆，曾經畫過民族戰士的英姿，也曾經描下漢奸們的醜臉譜，也曾經喊出了在日本帝國主義鐵蹄下的同胞的憤怒，也曾經申訴着四萬萬同胞保衛祖國的決心和急不可待的熱忱，而且，也曾經對日本軍閥壓迫下的日本勞苦大衆申訴了他們所應做的事，寄與了兄弟般的同情。

這都是我們所曾經做的，我們今後仍將如此做。我們的能力有限，我們不敢說我們能夠做得好，但我們相信我們工作的方向沒有錯誤！

中華民族開始怒吼了！中華民族的每一兒女趕快從容不迫地站上各自的崗位罷！向前看！這有砲火，有血，有苦痛，有人類燬滅人類的悲劇；但在這砲火，這血，這苦痛，這悲劇之中，就有光明和快樂產生，中華民族的自由解放！

只有爭取獨立自由的中國，纔能保障東亞的乃至世界的和平。同胞們！認識我們的光榮偉大的使命！被壓迫的日本勞苦大衆和被驅遣到戰場來的日本士兵們，也請認清了你們的地位，堅決地負起你們自己解放的任務，讓亞洲兩大民族達到眞正的共存共榮！

和平，奮鬥，救中國！我們要用血淋淋的奮鬥來爭取光榮的和平！同胞們，站上各自的崗位，向前警戒！一百二十分的堅決，一百二十分的謹愼！

（十六夜於隆隆炮聲中）

2

## 我翱翔在天空

——飛機師之歌

郭源新

我翱翔在天空，
我在狂風驟雨裏上下翱翔。
我穿過烏黑的雲塊，
我的避風鏡爲雨水所濛。
我要翱翔在敵人炮火的上空，

3

## 山东流传的风雨周刊社出版《风雨》（第八期）

1937年10月31日
山东博物馆藏

《风雨》周刊是抗战时期由开封文化界进步人士创办，后成为中共河南省委机关刊物。1937年9月12日，《风雨》周刊正式出版，刊名取“八方风雨会中州”之意，5名主编中有3位是中共党员，2位是进步教授。

这本《风雨》在山东地区流传保存至今，内刊载文章有《恐日病的消除》《欢迎铁的抗日军》等文。作为全面抗战初期中共河南省委的喉舌，《风雨》周刊积极宣传中国共产党的全面抗战路线，动员并引导抗日救亡运动，努力促进抗日民族统一战线的形成。1938年5月，日军进犯河南，《风雨》周刊被迫停刊。《风雨》周刊在全面抗战初期的救亡运动中发挥了重要作用，动员了河南各界的抗日救亡群众，宣传了中共的抗日纲领和主张，为河南抗日救亡运动史书写了重要的一页。

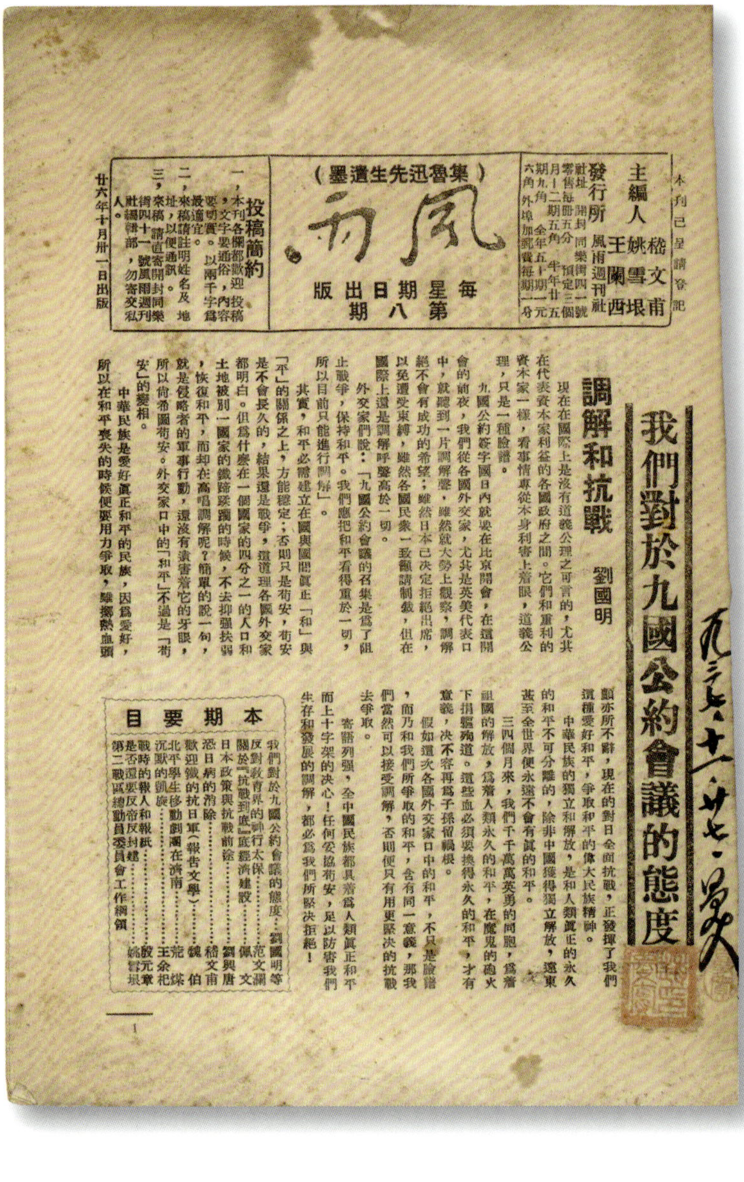

本刊已呈請登記

主編人 嵇文甫 姚雪垠 王闌西
發行所 風雨週刊社
社址 開封同樂街四一號
零售每冊五分 預定三個月十二期五角 半年廿五期九角 全年五十期一元 外埠加郵費每期一分

（集魯迅先生遺墨）
風雨
每星期日出版
第八期

投稿簡約
一，本刊各欄都歡迎投稿，內容要切實，文字要通俗，以兩千字爲最適宜。
二，來稿請註明姓名及地址，以便通訊。
三，來稿請直寄開封同樂街四十一號風雨週刊社編輯部，勿寄交私人。

廿六年十月卅一日出版

我們對於九國公約會議的態度

調解和抗戰

劉國明

現在在國際上是沒有道義公理之可言的，尤其在代表資本家利益的各國政府之間。它們和重利的資本家一樣，看事情專從本身利害上着眼，道義公理，只是一種臉譜。

九國公約簽字國日內就要在比京開會，在這開會的前夜，我們從各國外交家，尤其是英美代表口中，就聽到一片調解聲，雖然就大勢上觀察，調解絕不會有成功的希望；雖然日本已決定拒絕出席，以免遭受束縛，雖然各國民衆一致籲請制裁，但在國際上還是調解呼聲高於一切。

外交家們說：「九國公約會議的召集是爲了阻止戰爭，保持和平。我們應把和平看得重於一切，所以目前只能進行調解」。

其實，和平必需建立在國與國間眞正「和」與「平」的關係之上，方能穩定；否則只是苟安，苟安是不會長久的，結果還是戰爭，這道理各國外交家都明白。但爲什麽在一個國家的四分之一的人口和土地被別一國家的鐵蹄蹂躪的時候，不去抑强扶弱，恢復和平，而却在高唱調解呢？簡單的說一句，就是侵略者的軍事行動，還沒有讀害着它的牙眼，所以尙希圖苟安。外交家口中的「和平」不過是「苟安」的變相。

中華民族是愛好眞正和平的民族，因爲愛好，所以在和平喪失的時候便要用力爭取，肆擲熱血頭顱亦所不辭，現在的對日全面抗戰，正發揮了我們這種愛好和平，爭取和平的偉大民族精神。

中華民族的獨立和解放，是和人類眞正的永久的和平不可分離的，除非中國獲得獨立解放，遠東甚至全世界便永遠不會有眞的和平。

三四個月來，我們千千萬萬英勇的同胞，爲着祖國的解放，爲着人類永久的和平，在魔鬼的砲火下捐軀殉道。這些血必須要換得永久的和平，才有意義，決不容再爲子孫留禍根。

假如這次各國外交家口中的和平，不只是臉譜，而乃和我們所爭取的和平，含有同一意義，那我們當然可以接受調解，否則便只有用更堅決的抗戰去爭取。

寄語列强，全中國民族都具着爲人類眞正和平而上十字架的決心！任何妥協苟安，足以防害我們生存和發展的調解，都必爲我們所堅決拒絕！

本期要目



1

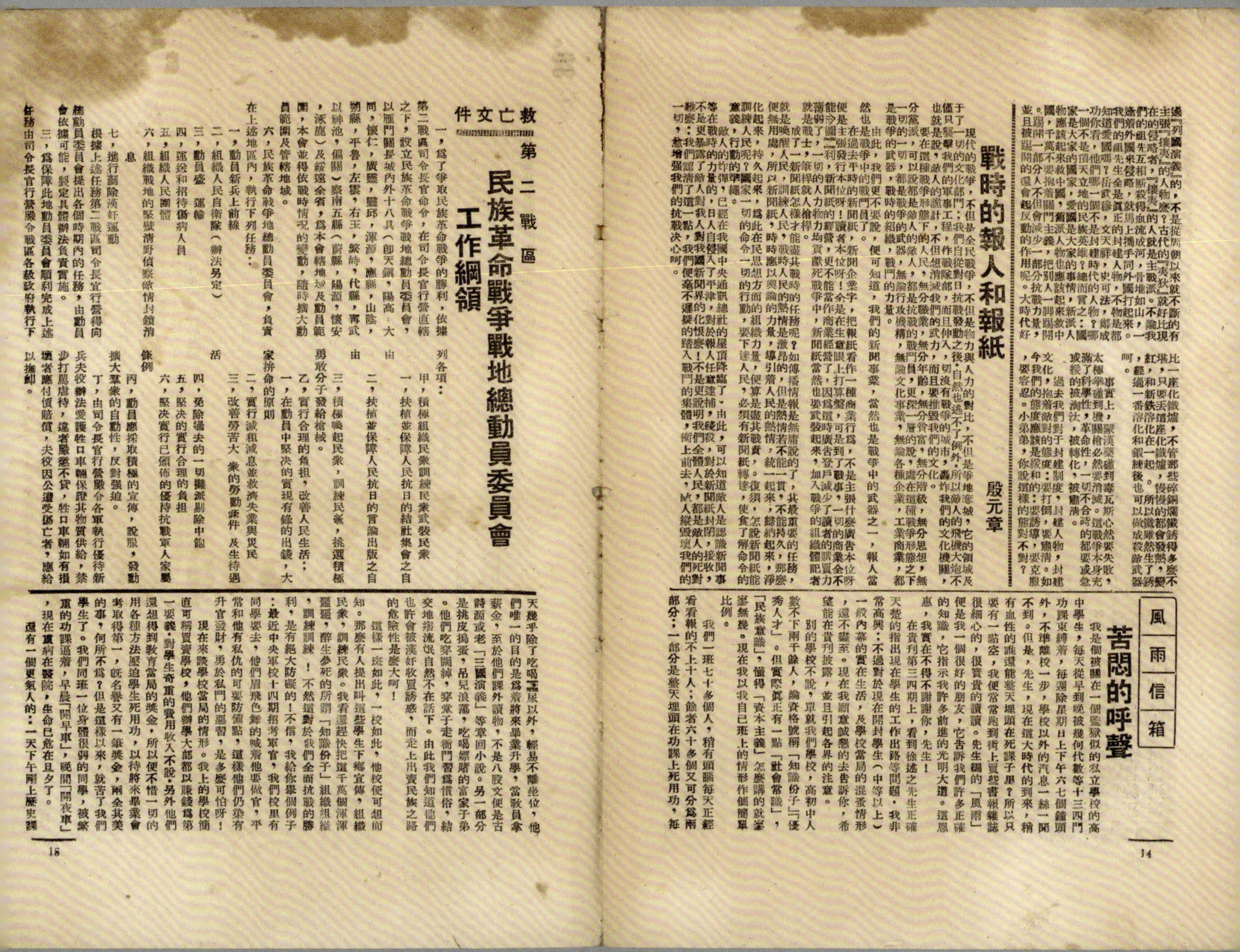

救亡文件

第二戰區

民族革命戰爭戰地總動員委員會工作綱領

戰時的報人和報紙

殷元章

風雨信箱

苦悶的呼聲

## 山东流传的抵抗三日刊社出版《抵抗》（第25号）

1937年11月9日
山东博物馆藏

1937年11月9日出版的《抵抗》第25号，内容为抗日战争中战况和时评，及时反映国内外的形势发展并做出评述，设有“战局一览”栏目，并附有战局图。本期中有金仲华、邹韬奋、潘汉年、冯玉祥、沈钧儒、老舍等人所写的时评和诗文。这本《抵抗》在山东地区流传保存至今。

《抵抗》原名《抗战》，1937年8月10日在上海创刊，邹韬奋担任编辑，逢三、六、九日发刊。《抗战》杂志诞生在八一三事变的炮火中，创刊号中体现了该刊物“适合抗战紧急时期的需要”。该刊每期刊登中国共产党对时局的宣言，反映国内战争局势，抨击亲日派的卖国谬论，因此遭到租借帝国主义当局的压制。《抗战》杂志自9月9日第七号起更名为《抵抗》，11月13日第26号又重新更名为《抗战》，出版地转移至汉口。1938年7月7日，《抗战》三日刊与《全民》周刊合并，共出版87号。

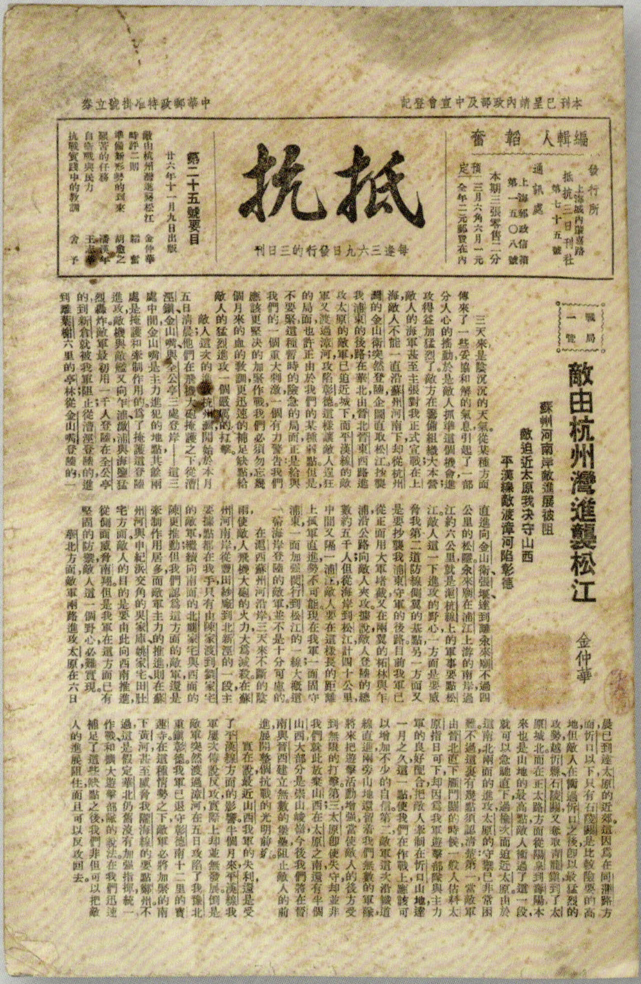
抵抗
第二十五號要目
戰局一覽
敵由杭州灣進襲松江
蘇州河南岸敵進展被阻
敵迫近太原我決守山西
平漢線敵渡滹河陷彰德
金仲華

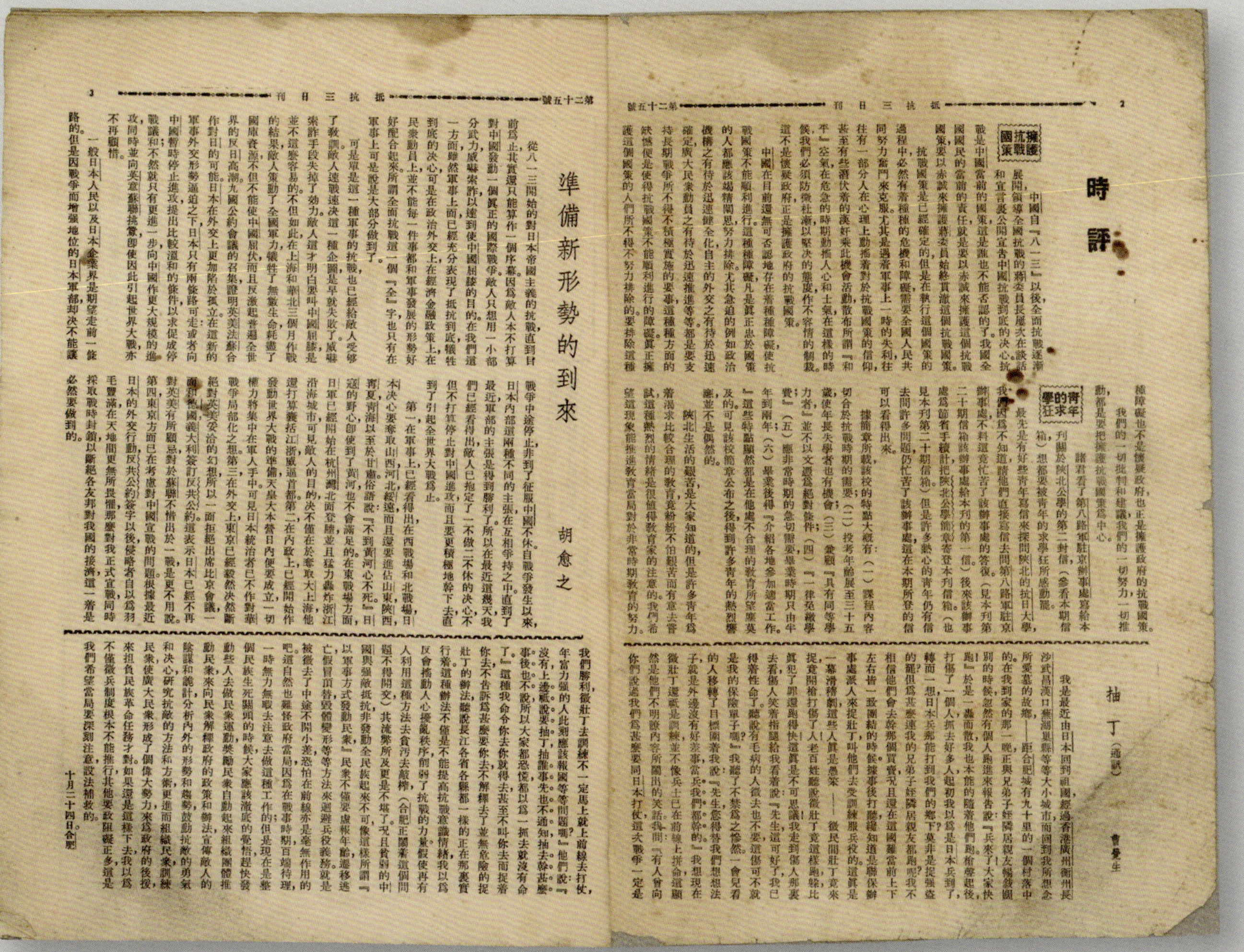

2 第二十五號 抵抗三日刊
時評
擁護抗戰國策
3 抵抗三日刊 第二十五號
準備新形勢的到來
胡愈之
抽丁
曾覺生